中小学信息科技教学研究

李梅　著

大连出版社
DALIAN PUBLISHING HOUSE

© 李梅 2025

图书在版编目（CIP）数据

中小学信息科技教学研究 / 李梅著. -- 大连：大
连出版社, 2025. 6. -- ISBN 978-7-5505-2396-8

Ⅰ. G633.672

中国国家版本馆CIP数据核字第20255GX594号

出　品　人：王延生
策划编辑：曹红波
责任编辑：曹红波　刘雅君
封面设计：刊　易
责任校对：王洪梅
责任印制：刘正兴

出版发行者：大连出版社
　　　地址：大连市西岗区东北路161号
　　　邮编：116016
　　　电话：0411-83620573 / 83620245
　　　传真：0411-83610391
　　　网址：http: // www.dlmpm.com
　　　邮箱：dlcbs@dlmpm.com
印　刷　者：大连天骄彩色印刷有限公司

幅面尺寸：170mm×240mm
印　　张：7.5
字　　数：120千字
出版时间：2025年6月第1版
印刷时间：2025年6月第1次印刷
书　　号：ISBN 978-7-5505-2396-8
定　　价：59.00元

前　言

随着信息技术的迅猛发展，信息科技已经成为当今社会不可或缺的一部分。在这个日新月异的数字化时代，中小学信息科技教育显得尤为重要。本书旨在深入探讨中小学信息科技教学的理论基础、课程设计、教学实践、评价与改进，以及教师专业发展等方面的内容，以期为新时代的中小学信息科技教学提供有益的参考和指导。

信息科技，作为一个综合性强、涉及面广的学科，不仅要求学生掌握基本的计算机操作技能，还需要学生具有信息素养、创新思维和问题解决能力。因此，中小学信息科技教学的理论基础必须坚实而深入。本书的第一章将详细阐述信息科技教学的定义与特点，追溯其历史发展，探讨相关的理论学习与研究，并分析信息科技教学与其他学科的融合。这些内容为读者提供了全面认识中小学信息科技教学的渠道，有助于读者理解其重要性和必要性。

课程设计是教学活动的核心环节，它直接关系教学效果的好坏。在第二章中，我们将深入探讨中小学信息科技课程目标与设计原则，介绍各种教学方法与策略，并讨论如何选择合适的教学资源与工具。此外，本章还将涉及课堂管理与学习氛围营造，旨在为读者提供一套系统、实用的课程设计方案。

教学实践是检验课程设计是否合理、是否有效的关键环节。第三章将带领读者走进中小学信息科技教学的实际场景，从教学前的准备工作开始，详细介绍教学中的互动与引导技巧，以及教学后的总结。同时，本章还将探讨家校合作与社区资源利用，以拓宽教学的边界，增强学生的实践能力。

评价与改进是教学过程中的重要环节，它能够帮助教师及时了解学生的学习情况，调整教学策略，提高教学质量。在第四章中，我们将介绍中小学信息科技教学评价的原则与方法，以及学生学业评价、教学过程与效果的评价等。同时，本章还将分析教学评价面临的挑战，并提出相应的对策。最后，我们将探讨如何基于评价结果进行教学改进实践，以期为读者提供一套科学、有效的评价与改进体系。

教师的专业发展是提升教学质量的关键因素。在第五章中，我们将深入探讨中小学信息科技教师专业素养的提升途径，包括教学研究与学术交流、培训与进修等方面。同时，本章还将涉及教师评价与激励机制的建立与完善，以及未来中小学信息科技教师的角色定位与挑战。这些内容旨在为读者提供一套全面、系统的教师专业发展方案。

展望未来，随着技术的不断发展与创新，中小学信息科技教学将面临更多的机遇与挑战。第六章将探讨技术发展与中小学信息科技教学的融合趋势，分析未来教学的挑战，并提出构建适应未来发展的中小学信息科技教育体系的设想。同时，本章还将讨论如何培养适应未来发展的信息科技人才，以期为读者提供一个前瞻性的视角和思考框架。

编写本书是一个不断学习、不断探索的过程。作者力求在理论与实践之间找到平衡点，在继承与创新之间寻求突破点。希望本书能够为中小学信息科技教育工作者提供有益的参考和启示，共同推动中小学信息科技教育的蓬勃发展。

最后，要感谢所有为本书付出辛勤劳动的编辑和校对人员。他们的专业素养和敬业精神是本书质量的重要保证。同时，也要感谢广大读者对本书的关注和支持。作者将继续努力，为读者提供更多优质的教育资源和服务。

在这个信息化、数字化的时代，中小学信息科技教育的重要性不言而喻。作者相信，通过不断的努力和探索，一定能够培养出更多具备信息素养、创新思维和问题解决能力的优秀人才，为社会的进步和发展作出更大的贡献。

目　录

第一章 中小学信息科技教学的理论基础

第一节 信息科技教学的定义与特点

一、信息科技教学的定义

（一）信息科技教学的核心概念

1. 信息技术的基本操作与技能

信息技术的基本操作与技能是信息科技教学的基石。在信息化程度日益加深的当下社会，掌握信息技术的基本操作与技能对于个人发展至关重要。这些技能包括但不限于计算机的基本操作，如文件管理、文字处理、表格编辑等，以及常用软件如办公软件、图像处理软件的使用。此外，网络信息检索与利用也是现代信息技术中不可或缺的一部分，它能帮助学生高效地从海量信息中筛选出有价值的信息，为学习和生活提供便利。

培养学生这些基本操作与技能，不仅有助于他们更好地适应学校的学习生活，更为他们未来步入职场、融入社会打下坚实的基础。因此，在信息科技教学中，教师应重视对学生信息技术基本操作与技能的培养，通过丰富的实践教学和案例分析，帮助学生熟练掌握这些技能，并引导他们将这些技能应用于实际学习和生活中。

2. 信息素养的培养

信息素养是现代社会中个体必备的一种核心素养，它涵盖了信息技术应用能力、信息意识、信息知识以及信息道德等多个维度。在信息科技教学中，培养学生的信息素养是至关重要的。

信息技术应用能力是信息素养的基础。学生需要学会如何有效地使用各种信息工具和信息资源，包括计算机、互联网、数据库等，以解决实际问题。这种能力不仅要求学生掌握基本的信息技术操作，还需要他们能够根据实际需求选择合适的信息工具和资源。

信息意识是指学生对信息的敏感度和判断力。在信息爆炸的时代，学生需要具备从海量信息中筛选出有价值信息的能力，以及判断信息真伪和质量的能力。这种意识的培养需要学生具备批判性思维，不盲目接受所有信息，而是学会分析和评价。

信息知识是信息素养的重要组成部分。学生需要了解信息技术的基本原理和概念，如计算机硬件和软件的基础知识、网络通信的基本原理等。这些知识有助于学生更好地理解信息技术的应用和运作方式，从而提高他们的信息素养。

信息道德是信息素养中不可或缺的一环。在使用信息技术时，学生需要遵守相关的道德规范和法律法规，尊重他人的知识产权和隐私权，不传播虚假信息或恶意软件等。这种道德意识的培养有助于学生成为有社会责任感的信息技术使用者。

3. 科技创新思维的激发

在信息科技教学中，激发学生的科技创新思维至关重要。创新思维是推动社会进步和科技发展的关键，而信息科技发展更是日新月异，需要不断地创新和探索。因此，教师在教学过程中应注重培养学生的创新意识和创新能力。

为了实现这一目标，教师可以采用多种教学方法。例如，通过组织学生进行项目式学习，让他们在实践中发现问题、分析问题并寻求解决方案。这种学习方式不仅能够锻炼学生的动手能力，还能培养他们的问题解决能力和团队协作精神。同时，教师还可以鼓励学生参与科技竞赛和展览，激发他们的创新热情，展示他们的创新成果。

除此之外，教师还应关注学生的个性化发展，鼓励他们勇于尝试、敢于挑战传统观念。在教学过程中，教师应提供宽松、自由的学习环境，允许学生犯错误并引导学生从错误中学习。这样，学生的创新思维才能得到充分的发挥和发展。

（二）信息科技教学的目标

1. 提高学生的信息素养，适应信息化社会的发展需求

随着信息化社会的不断发展，信息素养已经成为现代人必备的核心素养之

一。信息科技教学的首要目标就是提高学生的信息素养，使他们能够适应信息化社会的发展需求。这包括培养学生的信息获取、处理、分析和利用能力，以及增强他们的信息安全和隐私保护意识。通过信息科技教学，学生将能够更好地理解信息化社会的运作方式，更有效地参与到信息化社会的各项活动中。

为了实现这一目标，教师需要不断优化教学内容和方法，确保教学与信息化社会的发展趋势紧密相连。同时，学校也应提供相应的硬件设施和软件资源，为学生创造一个良好的信息化学习环境。

2. 培养学生的创新思维和实践能力

信息科技教学的一个重要目标是培养学生的创新思维和实践能力。通过运用信息技术手段解决实际问题，学生不仅能够加深对信息技术的理解，还能提高动手能力和解决问题的能力。在教学过程中，教师应鼓励学生勇于尝试新事物，敢于挑战传统思维，通过实践活动和探究性学习来培养他们的创新思维。

此外，教师还可以通过开展各种项目式学习和实践活动，让学生应用所学知识解决实际问题。这样不仅能锻炼学生的实践能力，还能增强他们的团队协作精神和沟通能力。

3. 引导学生树立正确的科技价值观

在信息科技教学中，引导学生树立正确的科技价值观是至关重要的。科技活动不仅关乎个人发展，还涉及社会责任和道德规范。因此，教师需要在教学过程中强调科技活动的道德责任，帮助学生明确个人在科技活动中的定位和责任。

为了实现这一目标，教师可以通过案例分析、课堂讨论等方式引导学生思考科技发展与伦理道德之间的关系。同时，教师还可以邀请行业专家或学者开展讲座或座谈会，让学生从不同角度了解科技发展的社会影响和责任担当。

4. 为学生未来的学习和职业发展奠定坚实的基础

信息科技教学的最终目标是为学生未来的学习和职业发展奠定坚实的基础。通过掌握信息技术的基本操作与技能、培养信息素养、激发科技创新思维以及树立正确的科技价值观等方面的努力，学生将具备更强的竞争力和适应能力。无论是在学术研究领域还是在职业发展道路上，他们都将更加自信地面对挑战并抓住机遇。

为了实现这一目标，教师需要关注学生的个性化需求和发展方向，提供有针对性的指导和支持。同时，学校也应加强与企业等外部资源的合作与交流，为学生提供更多的实习和实践机会，帮助他们更好地了解行业发展趋势。

二、信息科技教学的特点

（一）实践性

1. 实践操作的重要性

在信息科技教学中，实践操作是最为关键的部分。这主要是因为信息科技不仅要理解理论概念，更需要将这些概念应用到实际操作当中。学生通过亲手操作计算机和编写代码等，能够直观地感受到信息科技的实际应用，从而更深入地理解和掌握相关知识。实践操作不仅能够锻炼学生的动手能力，提高他们的技术水平，还能培养其实事求是、严谨细致的科学态度。

2. 与现实生活的联系

信息科技教学的实践性还体现在与现实生活的紧密联系上。如今，信息科技已经渗透到我们生活的方方面面，无论是日常的通信交流，还是工作学习，都离不开信息科技的支持。因此，将信息科技教学与现实生活相结合，可以让学生更加直观地领略到科技的魅力，增强其学习的动力和兴趣。例如，通过学习如何设计和制作网页，学生可以了解互联网商业模式的运作方式，为未来创业或就业筑牢根基。

3. 实践中的问题解决

在信息科技实践中，学生经常会遇到各种问题，如软件故障、代码错误等。这些问题需要学生通过自主思考和实践去解决，从而培养独立解决问题的能力。同时，教师也应该鼓励学生勇敢面对问题，引导他们通过查阅资料、团队协作等方式寻找解决方案，进一步提升其实践能力和创新精神。

（二）创新性

1. 创新思维的培养

在信息科技教学中，培养学生的创新思维是至关重要的。创新思维是指能够提出新颖、有价值的想法和解决问题的思维能力。在信息科技领域，创新思维是推动技术发展和应用的关键。因此，教师在教学过程中应该鼓励学生勇于尝试、敢于创新，通过引导、启发和激励等方式，激发学生的创新思维和创造力。

2. 创新实践活动的开展

为了培养学生的创新能力，信息科技教学应该注重开展各种创新实践活动。这些活动可以包括编程比赛、机器人设计、网页设计等，旨在让学生通过实践操作去实现自己的创新想法。在这些活动中，学生可以充分发挥自己的想象力和创造力，将理论知识转化为实际应用，从而培养创新意识和实践能力。

3. 教学内容和方法的创新

随着信息技术的飞速发展，新的技术和应用涌现。为了顺应这种变化，信息科技教学必须不断更新教学内容和方法。教师应该关注最新的技术动态和行业趋势，将最新的技术和应用案例引入教学中，让学生了解并掌握最新的科技知识。同时，教师还需要不断探索和创新教学方法，如采用项目式学习、翻转课堂等新型教学模式，以激发学生的学习兴趣，增强教学效果。

（三）跨学科性

1. 信息科技与其他学科的交叉融合

在当今社会，信息技术已经渗透到各个领域，与其他学科产生了广泛的交叉与融合。这种跨学科性使得信息科技教学不再局限于单一的技术领域，而是与其他学科知识相互渗透、相互促进。例如，在计算机图形学的学习中，学生需要运用数学和物理知识来理解图形的生成和变换原理；在数据分析的学习中，学生需要运用数学知识来处理和分析数据。这种跨学科的学习有助于学生更全面地理解信息科技的应用和价值。

2. 跨学科问题的解决

在信息科技教学中，教师可以引导学生利用信息技术解决其他学科的问题。例如，在地理学习中，学生可以利用地理信息系统（GIS）来分析地理数据；在历史学习中，学生可以利用数字技术来复原历史场景和文物；在艺术创作中，学生可以利用数字媒体技术来创作艺术作品等。这些跨学科的应用不仅能够加深学生对信息科技知识的理解，还能够培养他们的综合素质和解决问题的能力。

3. 跨学科协同教学的实施

为了更好地实现信息科技的跨学科教学，教师可以与其他学科的教师进行合作，共同设计跨学科的教学项目和活动。通过协同教学，教师可以整合不同学科的知识和资源，为学生提供更丰富、更全面的学习内容。同时，协同教学还能够促进学生的团队协作和交流能力的发展，为他们的未来发展打下坚实基础。例如，可以开展以"环保"为主题的跨学科项目，让学生利用信息技术手段来监测和分析环境问题，并提出解决方案。这样的项目不仅能够让学生综合运用多学科知识来解决问题，还能够培养他们的环保意识和社会责任感。

第二节　信息科技教学的历史发展

一、早期计算机教育阶段

（一）计算机教育的起源

1. 计算机技术的诞生与发展

计算机技术的诞生标志着人类迈入了一个全新的科技时代。20 世纪中期，随着第一台电子计算机的问世，人们开始逐渐认识到这项技术在未来社会的巨大潜力。计算机能够进行高速运算、存储大量数据，并具有极强的逻辑处理能力，这些特性使得计算机技术迅速在各个领域得到应用和推广。随着技术的不断进步，计算机逐渐从专业领域走向普通民众的生活，成为现代社会不可或缺的一部分。

2. 教育领域对计算机技术的关注

随着计算机技术的普及，教育领域开始意识到培养具备计算机技术的人才的重要性。为满足社会对技术人才日益增长的需求，各级教育机构开始积极探索计算机教育的模式与方法。在这一阶段，计算机教育主要集中在高等教育领域，以培养专业的计算机技术人才为目标。教育机构纷纷开设计算机相关专业，提供系统的计算机课程，致力于为学计算机理论打下坚实的基础，并培养他们在实际应用中解决问题的能力。

3. 计算机教育课程的设置与内容

早期的计算机教育课程主要聚焦计算机的基本原理、编程语言和算法等核心知识。这些课程不仅涵盖了计算机硬件和软件的基础知识，还涉及程序设计、数据结构、操作系统等关键领域。通过这些课程的学习，学生不仅能够掌握计算机的基本操作技能，还能够理解计算机系统的运行机制和软件开发的基本原理。这些知识和技能为学生未来在计算机领域的发展奠定了坚实的基础。

（二）计算机课程的初步引入

1. 计算机技术向中小学教育的扩展

随着计算机技术的日益成熟和广泛应用，教育领域开始认识到计算机技术对未来社会的重要性，以及将计算机技术纳入基础教育体系的必要性。于是，中小学开始尝试引入计算机课程，以培养学生的信息技术素养和基本技能。这一举措旨在让学生更早地接触和了解计算机技术，从而激发他们的学习兴趣和创新精神，为未来的学习和职业发展做好准备。

2. 中小学计算机课程的内容与特点

中小学阶段的计算机课程主要以基础知识和操作为主。课程内容包括计算机的基本操作、文字处理软件的使用、简单的编程语言等。通过这些课程的学习，学生能够掌握计算机的基本使用技能，了解计算机在日常生活和学习中的应用。此外，这些课程还注重培养学生的逻辑思维能力和问题解决能力，通过实践操作和项目开发等方式，让学生在实践中学习和成长。

3. 计算机课程在中小学的普及与挑战

尽管中小学开始引入计算机课程，但在实际推广过程中仍面临诸多挑战。首先，由于各地区教育资源存在差异，一些学校可能缺乏必要的计算机设备和教学软件，导致计算机课程的实施受到限制。其次，部分教师可能缺乏计算机知识和教学经验，难以有效地开展计算机教学。最后，学生的计算机水平参差不齐，也给教学带来了一定的难度。为克服这些挑战，教育部门需要加大投入，改善教学条件，加强教师培训，提高计算机课程的教学质量。

二、信息技术教育阶段

（一）信息技术的快速发展

1. 互联网与移动通信技术的革新

进入 21 世纪，互联网技术的迅猛发展引领了信息技术革命的新浪潮。随着网络基础设施的不断完善，互联网的覆盖范围越来越广，网络速度也日益提升。这不仅为人们提供了便捷的信息获取和交流渠道，还极大地丰富了人们的生活方式和社交模式。移动通信技术的进步更是让互联网随时随地可访问，智能手机和平板电脑的普及使得信息技术的应用场景更加多元化。

在教育领域，互联网和移动通信技术的革新为远程教育、在线教育等新型教育模式提供了强大的技术支持。学生可以通过网络平台进行自主学习，教师也可以利用网络资源进行辅助教学，这种灵活多样的教学方式极大地提高了教育的可达性和有效性。

2. 大数据与人工智能的应用

大数据技术的兴起，使得海量数据的收集、存储和分析成为可能。在教育领域，大数据被广泛应用于学生学习行为分析、教学效果评估等方面，为个性化教学和精细化管理提供了有力支持。同时，人工智能技术的快速发展也为教育带来了革命性的变化。智能教学系统、智能评估系统等应用系统的出现，不仅提高了教学效率，还能针对学生的不同需求提供个性化的学习方案。

3. 信息技术对社会生活的影响

信息技术的快速发展不仅改变了人们的工作方式，也深刻影响了人们的生活方式。电子商务、在线支付等技术的普及使得购物、支付等日常活动变得更加便捷；社交媒体、即时通信工具等改变了人们的社交方式，使得人与人之间的沟通更加高效和多样。在教育领域，信息技术的应用也改变了传统的教学模式和学习方式，使得教育更加个性化、多样化和高效化。

（二）信息技术课程的普及与整合

1. 信息技术课程的普及

随着信息技术的快速发展，信息技术课程逐渐成为中小学教育的重要组成部分。这一课程旨在培养学生的信息素养和计算机操作能力，使他们能够适应信息化社会的发展需求。在普及信息技术课程的过程中，教育部门不仅注重知识的传授，还强调实践能力的培养，鼓励学生通过动手操作来加深对信息技术的理解和应用。

2. 信息技术与其他学科的整合

为更好地适应信息化社会的发展需求，教育领域开始探索信息技术与其他学科的整合。这种整合不仅体现在教学内容上，还体现在教学方法和教学手段上。例如，在数学课程中，教师可以利用计算机辅助教学软件来展示复杂的数学图形和模型，帮助学生更好地理解数学概念；在语文课程中，教师可以引导学生利用网络资源进行拓展阅读，提高学生的阅读能力和信息素养。这种跨学科的整合教学有助于培养学生的综合素质和创新能力。

3. 信息技术课程对学生发展的影响

信息技术课程的普及和整合对学生的发展产生了深远的影响。首先，它提高了学生的信息素养和计算机操作能力，使他们能够更好地适应信息化社会的发展需求。其次，信息技术课程培养了学生的创新思维和解决问题的能力，为他们未来的学习和职业发展打下了坚实的基础。最后，信息技术课程还促进了学生的自主学习和终身学习能力的培养，使他们能够在不断变化的信息化社会中保持竞争力。

三、信息科技教学的新趋势

（一）STEM 教育的融合

1. STEM 教育理念在信息科技教学中的应用

STEM 教育理念强调科学、技术、工程和数学的整合，这一理念在信息科技教学中得到了广泛应用。通过融合 STEM 教育，信息科技课程不再仅仅关注技术本身，而是将技术与其他学科领域相结合，让学生在解决实际问题中学习和成长。例如，在机器人制作课程中，学生不仅需要运用编程技术来控制机器人，还需要理解机器人的机械结构、运动原理等，这就涉及科学、工程和数学等多个领域的知识。

2. 跨学科整合的优势

STEM 教育的融合使得信息科技教学更具跨学科性，这种整合带来了诸多优势。首先，它有助于提高学生的综合素质，使学生能够在多个领域中获取知识和技能。其次，跨学科的学习能够激发学生的创新思维，培养他们从不同角度思考和解决问题的能力。最后，这种教育模式有助于学生更好地适应未来社会的需求，因为现实生活中的问题往往需要综合运用多个学科的知识来解决。

3. 实施 STEM 教育的挑战与对策

尽管 STEM 教育的融合为信息科技教学带来了诸多好处，但在实施过程中也面临一些挑战。例如，教师需要具备跨学科的知识和教学能力，学校需要提供相应的教学资源。为应对这些挑战，教育部门可以加强教师培训，提高他们的跨学科素养；同时，学校也可以积极寻求外部资源支持，如与企业、科研机构等合作，共同推动 STEM 教育的实施。

（二）编程与计算思维的重视

1. 编程教育在信息科技教学中的地位

随着计算机技术的普及，编程已经成为信息科技教学中不可或缺的一部分。编程教育不仅能够培养学生的逻辑思维能力，还能帮助他们更好地理解计算机的工作原理。在信息科技课程中引入编程内容，可以让学生通过实践操作来掌握编程技能，进而提高他们的计算机素养。

2. 计算思维的培养与重要性

计算思维是指运用计算机科学的基础概念来解决问题的思维方式。在信息科技教学中培养学生的计算思维至关重要，因为它不仅有助于学生更好地理解计算机技术，还能提高他们的创新能力。通过培养学生的计算思维，教师可以帮助学生建立一种全新的思考方式，使他们能够更好地应对未来社会的挑战。

3. 编程与计算思维的教学策略

为有效地培养学生的编程能力和计算思维，教师需要采用恰当的教学策略。例如，教师可以利用项目式学习的方式，让学生在实际操作中掌握编程技能；同时，教师还可以引导学生参与编程竞赛或创新项目，激发他们的学习兴趣和创新精神。此外，教师还可以利用在线资源和工具来辅助教学，为学生提供更多的学习资源和机会。

（三）在线教育与远程学习的兴起

1. 在线教育与远程学习的背景与发展

随着互联网技术的快速发展，在线教育和远程学习逐渐成为教育领域的新趋势。在信息科技教学中，这种新型教学方式为学生提供了更加灵活和便捷的学习途径。首先，它能够打破时间和空间的限制，让学生随时随地进行学习；其次，在线教育平台提供了丰富的教学资源和互动工具，有助于学生深入理解知识；最后，在线教育还能够满足个性化学习的需求，让每个学生都能够按照自己的进度和兴趣进行学习。

2. 面临的挑战与应对策略

尽管在线教育在信息科技教学中具有诸多优势，但也面临着一些挑战。例如，如何保证学生的学习自律性、如何提供有效的学习支持等。为应对这些挑战，教师需要采取一系列策略。例如，教师可以定期与学生进行在线交流，了解他们的学习进度和困难；同时，教师还可以利用在线教育平台的数据分析工具来评估学生的学习效果，以便及时调整教学策略。此外，家长和学校的支持也是关键，他们需要共同营造一个良好的在线学习环境，确保学生能够充分利用在线教育资源进行学习。

第三节　中小学信息科技教学的理论学习与研究

一、建构主义学习理论

（一）建构主义的基本概念

1. 知识建构的主动性和建构性

建构主义学习理论的首要观点是强调学习者在知识建构中的主动性和建构性。这一理论认为，知识并非简单地、被动地被学习者接受，而是学习者通过与周围环境的积极互动来主动建构的。换句话说，学习不是知识的单向传递，而是学习者基于自身经验和背景，主动选择、加工和整合外部信息的过程。在这个过程中，学习者需要不断调整和丰富自己的认知图式，以适应新的学习环境和挑战。

这种主动性和建构性的学习方式，有助于培养学习者的自主学习能力和创新思维。学习者在主动建构知识的过程中，会不断遇到新的问题和挑战，需要通过独立思考来解决和应对。这种学习方式不仅能够让学习者更好地理解和掌握知识，还能够培养他们的批判性思维和创新精神。

2. 学习的动态过程与认知结构调整

建构主义理论认为，学习是一个动态的过程，它涉及对新信息的解释、假设的形成与验证，以及基于自身经验对知识的建构。这一过程中，学习者会不断遇到新的信息和情境，需要根据自己的经验和背景进行解释和理解。同时，学习者还会基于这些信息形成新的假设，并通过实践来验证这些假设的正确性。

在这个过程中，学习者的认知结构会不断进行调整和完善。当学习者遇到新的信息和情境时，他们会将这些信息与自己的原有认知结构进行整合，从而形成更加完整和系统的知识体系。这种认知结构的调整和完善是一个持续不断的过程，它伴随着学习者的整个学习过程。

3. 学会学习与适应环境变化

在建构主义学习理论中，学习的目的不仅仅是获取知识，更重要的是学会如何学习，如何适应不断变化的环境。学习者在学习过程中需要不断培养自己的自主学习能力和问题解决能力，以便在未来的学习和工作中能够更好地应对各种挑战和变化。

为了达到这个目的，学习者需要在学习过程中保持积极的心态和开放的态度，需要勇于尝试新的学习方法和策略，不断探索适合自己的学习方式。同时，学习者还需要关注外部环境的变化，及时调整自己的学习计划和策略，以适应不断变化的学习需求和环境。

（二）建构主义理论在信息科技教学中的应用

1. 创设开放、互动的学习环境

在信息科技教学中，建构主义理论强调教师应创设一个开放、互动的学习环境。这样的环境能够激发学生的学习兴趣和积极性，促使他们主动探索和建构知识。教师可以通过设计多样化的教学活动和项目，让学生在实践中学习、在探索中进步。

教师可以利用信息技术工具，如在线教育平台、模拟软件等，为学生提供一个虚拟的实验环境。在这个环境中，学生可以自主进行实验、观察和总结，从而深入理解信息科技知识。同时，教师还可以鼓励学生通过团队合作、讨论和交流等方式，共同解决问题和完成任务，培养他们的协作精神和沟通能力。

2. 鼓励实践、探究和合作学习

建构主义理论提倡学生通过实践、探究和合作学习来建构知识。在信息科技教学中，教师应鼓励学生积极参与实践活动，如编程、网站设计等，让他们在实际操作中掌握知识和技能。同时，教师还可以引导学生进行探究式学习，通过提出问题、分析问题、解决问题的过程，培养学生的问题解决能力和创新思维。

合作学习也是建构主义理论强调的一种重要学习方式。在信息科技教学中，教师可以通过分组讨论、角色扮演等形式，促进学生之间的交流和合作。这种学习方式不仅能够提高学生的团队协作能力，还能够让他们在互相学习中不断提升自己。

3. 关注学生个体差异与先前经验

建构主义理论认为，学生的个体差异和先前经验对学习效果具有重要影响。因此，在信息科技教学中，教师应关注学生的个性化需求，根据他们的兴趣、能力和背景制定有针对性的教学方案。同时，教师还应充分利用学生的经验，将其作为新知识的生长点，帮助学生更好地建构自己的知识体系。

为了实现这一目标，教师可以采用差异化教学策略，为不同层次的学生提供个性化的学习资源和支持。例如，对于基础较好的学生，教师可以提供更多具有挑战性和创新性的任务；对于基础较差的学生，教师可以提供更多的辅导和支持，帮助他们打好基础、提高信心。此外，教师还可以利用信息技术工具进行智能推荐和个性化学习路径设计，以满足学生的不同需求。

二、多元智能理论

（一）多元智能理论的核心观点

1. 智能的多元化定义

霍华德·加德纳提出的多元智能理论，颠覆了传统意义上对智能的单一理解。他主张，智能并非仅仅局限于语言能力和数学逻辑，还包括更为广泛的领域，如空间感知、身体运动、音乐感知、人际交往以及自我认知等多个方面。这一观点突破了传统智能观念的束缚，为人们提供了更加开阔的视野去看待和评价个体的智能。

在这种理论框架下，每个人的智能结构都是独一无二的，由不同的智能元素以不同的方式组合而成。这种对智能的多元化理解，不仅有助于我们更全面地认识个体的潜能，也为教育实践提供了更多的可能性和灵活性。

2. 个体独特的智能组合

多元智能理论强调，每个人都有其独特的智能组合。这意味着，不同的人在不同的智能领域可能有着截然不同的优势和潜力。例如，有的人可能在语言智能方面表现出色，善于表达和交流；有的人可能在数学逻辑智能方面更具天赋，擅长分析和推理。

这种独特的智能组合不仅塑造了每个人的个性和特长，也为社会带来了丰富多样的人才资源。因此，尊重并理解每个人的智能组合，对于充分发挥其个人潜能、促进社会多元化发展具有重要意义。

3. 教育应尊重并发展多元智能

基于多元智能理论，教育应当尊重每个学生的个体差异和多元智能发展。传统的"一刀切"教育模式往往忽视了学生在不同智能领域的优势和潜力，导致许多学生的特长和兴趣无法得到充分的培养和发展。

因此，多元智能理论呼吁教育者关注学生的多元智能，提供个性化的教育方案，以激发学生的学习兴趣和动力，帮助他们在自己的优势领域内取得更好的成绩。同时，这种教育理念也有助于培养学生的自信心和创造力，为他们的未来发展奠定坚实的基础。

（二）多元智能理论对信息科技教学的启示

1. 关注学生个体差异与多元智能发展

在信息科技教学中，教师应充分关注学生的个体差异和多元智能发展。由于每个学生的智能组合和发展潜力都是独特的，所以教师需要深入了解每个学生的特点和需求，以便为他们提供个性化的教学方案。

例如，对于空间智能较强的学生，教师可以通过引入图形化编程或虚拟现实技术来进一步发挥其空间感知和操作能力；而对于人际交往智能较强的学生，教师可以组织小组合作项目，让他们在项目中发挥协调与沟通的优势。这样的教学方式不仅有助于激发学生的学习兴趣和积极性，还能帮助他们更好地发挥自己的特长和潜力。

2. 采用多元化的教学方法

多元智能理论鼓励教师在信息科技教学中采用多元化的教学方法。传统的教学方法往往侧重于知识的传授和技能的训练，而忽视了对学生多元智能的培养和发展。因此，教师需要尝试不同的教学方法，以满足不同学生的需求。

例如，教师可以通过实验、探究、讨论等多种方式来引导学生主动学习和思考。同时，教师还可以利用信息技术工具来丰富教学手段，如使用多媒体教学资源、开展在线互动学习等。这些多元化的教学方法不仅能够提高教学效果，还能帮助学生更全面地发展自己的多元智能。

3. 实施多元化的评价方式

在信息科技教学中，多元智能理论还启示我们实施多元化的评价方式。传统的评价方式往往以笔试成绩为主，忽视了对学生实践能力、创新思维和团队合作等方面的评价。因此，教师需要采用多元化的评价方式来全面评估学生的学习成果。

例如，教师可以通过观察学生在实际操作中的表现、记录他们的学习过程、展示他们的作品成果等多种方式来评价学生的学习情况。这样的评价方式不仅能够更真实地反映学生的学习水平，还能激发他们的学习动力和创新精神。同时，多元化的评价方式也有助于教师更全面地了解学生的学习需求和问题，从而为他们提供更有针对性的指导和帮助。

三、合作学习理论

（一）合作学习的基本原理

1. 互助、互教、互学的学习方式

合作学习理论的核心在于倡导学习者在小组中通过互助、互教、互学的方式共同完成学习任务。这种学习方式打破了传统教育模式中教师单向传授知识的模式，转变为鼓励学生之间开展积极的互动与合作。在合作学习中，学生不再是被动地接受知识，而是主动地参与到学习过程中，通过相互帮助、相互教授和相互学习，共同解决问题，完成学习任务。

互助体现在学生之间在遇到学习困难时能够相互帮助，共同克服难题。互教要求学生之间能够相互分享知识、经验和观点，从而达到教学相长的效果。互学强调学生在合作过程中相互学习，取长补短，共同提升。

2. 提高学习积极性与团队合作精神

合作学习能够有效提高学生的学习积极性。在传统的教学模式中，学生往往处于被动接受的状态，而在合作学习中，每个学生都有机会参与到学习过程中，发表自己的观点和想法。这种参与感和主动性会极大地激发学生的学习兴趣，提高他们的学习积极性。

同时，合作学习还能够培养学生的团队合作精神。在合作学习的过程中，学生需要学会倾听他人的意见，尊重他人的观点，通过协商和讨论达成共识。这个过程不仅能够锻炼学生的沟通能力和协调能力，还能够培养他们的团队协作精神。

3. 问题解决能力的提升

合作学习通过让学生面对真实、复杂的问题情境，促使他们共同分析问题、探讨解决方案。在这个过程中，学生需要综合运用所学知识，发挥集体智慧，共同寻找问题的答案。这种学习方式不仅能够帮助学生巩固和深化对知识的理解，还能够提高他们的问题解决能力。

通过合作学习，学生可以学会如何从不同角度审视问题，如何运用创新思维寻找解决方案，以及如何在团队中发挥自己的作用。这些能力对于学生未来的学习和职业发展都具有重要意义。

（二）合作学习在信息科技课堂中的实施策略

1. 合理分组与成员多样性

在信息科技课堂中实施合作学习，首先需要根据学生的兴趣、能力和性别等因素进行合理分组。分组的合理性对于合作学习的效果至关重要。教师应确保每个小组的成员具有多样性和互补性，以便在合作过程中能够相互学习、取长补短。

同时，教师还可以根据学生的性格特点进行分组，使内向与外向的学生、理性与感性的学生等能够合理搭配，从而促进小组内部的交流与互动。这样的分组策略有助于激发学生的学习兴趣，增强他们的学习效果。

2. 设计挑战性与探究性的学习任务

为了充分发挥合作学习的优势，教师应设计具有挑战性和探究性的学习任务。这类任务能够激发学生的求知欲和探索欲，促使他们在合作过程中不断挖掘新知识、掌握新技能。

例如，教师可以组织学生进行基于项目的合作学习，让他们在完成实际项目的过程中掌握信息科技知识。这样的项目可以是一个网站的开发、一个应用程序的设计或者一个数据分析报告的撰写等。通过完成这些具有挑战性的任务，学生不仅能够提升自己的信息科技能力，还能够培养团队协作精神和创新意识。

3. 自主学习与适时指导相结合

在合作学习过程中，教师应给予学生充分的自主学习时间和空间。这意味着教师需要放手让学生去探索、去实践，而不是过多地干预他们的学习过程。当学生遇到困难时，教师可以提供必要的指导和支持，帮助他们攻克难关。

同时，教师还要密切关注学生的学习进展，及时给予反馈和建议。这种自主学习与适时指导相结合的教学方式，既能够锻炼学生的自主学习能力，又能够确保他们在正确的轨道上不断前进。

4. 建立有效的评价机制

为了激励学生积极参与合作学习并不断提高自己的信息科技素养，教师需要建立有效的评价机制。这个评价机制应该包括对小组整体表现的评价以及对个人贡献的评价两个方面。

通过评价小组整体表现，可以鼓励学生更加注重团队协作和集体荣誉；而通过评价个人贡献，可以激励学生充分发挥自己的优势和特长，为小组的成功作出贡献。此外，教师还可以设置一些奖励措施，如优秀小组奖、最佳贡献奖等，以进一步激发学生的学习兴趣和积极性。

第四节 信息科技教学与其他学科的融合

一、与数学的融合

（一）计算思维与数学逻辑的结合

1. 计算思维与数学逻辑的共同点

计算思维与数学逻辑在信息科技教学中具有显著的共同点，它们都强调问题的抽象、形式化和解决过程的严谨性。计算思维通过抽象和自动化来处理问题，而数学逻辑通过推理和证明来揭示事物的内在联系。在信息科技课程中，这两者相互交织，共同构成了学生解决问题的思维框架。

例如，在编程教学中，学生需要学会将具体问题抽象为计算机可以执行的算法，这一过程与数学中的逻辑推理和证明过程有着相似之处。通过对比和学习，学生可以更深入地理解计算思维和数学逻辑之间的联系，从而提高他们解决问题的能力。

2. 计算思维对数学概念的形象化解释

信息科技课程可以为学生提供更加直观的方式来理解数学中的抽象概念。例如，通过编程实践，学生可以亲身体验算法的执行过程，从而更深入地理解数学中的算法和数据结构。这种形象化的解释方式不仅可以帮助学生更好地掌握数学知识，还能激发他们的学习兴趣和动力。

此外，计算思维还可以帮助学生理解数学中的函数、变量等概念。通过编程，学生可以直观地看到函数输入与输出之间的关系，以及变量在程序执行过程中的变化，从而加深对数学概念的理解。

3. 数学逻辑在编程和算法设计中的应用

数学逻辑为编程和算法设计提供了坚实的理论基础。在编程过程中，学生需要运用数学逻辑来构建清晰的算法框架，确保程序的正确性和高效性。同时，数学逻辑还可以帮助学生优化算法设计，提高程序的执行效率。

例如，在解决排序问题时，学生可以利用数学逻辑来分析和比较不同排序算法的性能，从而选择最适合当前问题的排序方法。这种跨学科的思维方式不仅可以提升学生的逻辑思维能力，还能培养他们在实际问题中灵活运用数学知识的能力。

（二）数学建模与计算机模拟的应用

1. 数学建模的实际意义与应用价值

数学建模是将实际问题转化为数学问题的重要方法，它在科学研究、工程设计等领域具有广泛的应用价值。在信息科技教学中，引入数学建模的概念和方法，可以帮助学生更好地理解实际问题的本质和规律，提高他们解决实际问题的能力。

例如，在物理学、经济学等领域中，学生可以通过数学建模将复杂问题简化为可计算的数学模型，从而更方便地进行分析和求解。这种能力对于学生未来的学术研究和职业发展都具有重要意义。

2. 计算机模拟在数学建模中的作用

计算机模拟是利用计算机技术对实际问题进行模拟和实验的方法。在数学建模过程中，计算机模拟可以帮助学生验证模型的正确性和有效性，同时还可以对模型进行优化和改进。通过计算机模拟，学生可以更加直观地观察数学模型在实际问题中的应用效果，从而加深对数学知识和实际问题的理解。

此外，计算机模拟还可以帮助学生探索未知领域和解决复杂问题。例如，在生物学、环境科学等领域中，学生可以利用计算机模拟来预测和分析生态系统的动态变化，为实际问题的解决提供科学依据。

3. 融合教学方式对学生能力的培养

数学建模与计算机模拟的融合教学方式不仅可以增强学生对数学知识的理解和应用能力，还能培养他们的实践能力和创新思维。通过参与数学建模和计算机模拟的实践活动，学生可以学会如何将理论知识应用于实际问题中，提高他们的实践操作能力。

同时，这种教学方式还能激发学生的创新思维和探索精神。在建模和模拟过程中，学生需要不断地尝试新的方法和思路来解决问题，这个过程有助于培养他们的创新意识和解决问题的能力。因此，数学建模与计算机模拟的融合教学方式对于培养学生的综合素质和能力具有重要的作用。

二、与科学的融合

（一）科学探究与数据收集的数字工具

1. 数字工具在数据收集中的优势

在科学探究过程中，数据收集是至关重要的环节。传统的数据收集方法往往烦琐且耗时，而数字工具的出现极大地简化了这一流程。例如，借助传感器和数据采集器，学生能够实时、准确地收集实验数据，避免了手动记录可能产生的误差和延迟。此外，数字工具还能自动整理和分析数据，为学生提供更为直观、量化的实验结果，助力他们更好地理解和阐释科学现象。

2. 数字工具在数据分析中的应用

收集到的数据需要经过深入的分析才能揭示其背后的科学规律。数字工具在这方面同样表现出色。借助专业的数据分析软件，学生可以轻松地对大量数据进行统计、比较和可视化处理。这些软件通常提供丰富的图表和可视化选项，使得学生可以直观地看到数据之间的关系和趋势，进一步加深对科学原理的认识。

3. 数字工具对科学素养和数据处理能力的培养

通过使用数字工具进行科学探究和数据处理，学生不仅提高了实验效率，还培养了重要的科学素养和数据处理能力。他们学会了如何选择合适的工具进行数据采集，如何运用软件进行数据分析，以及如何从数据中提炼出有价值的科学信息。这些技能对于他们未来的学术研究和职业发展都至关重要。

（二）虚拟现实与增强现实在科学教育中的运用

1. VR/AR 技术提升科学实验的互动性和趣味性

虚拟现实（VR）和增强现实（AR）技术为科学教育注入了新的活力。通过这些技术，学生可以在一个安全、受控的虚拟环境中进行各种科学实验。这种实验方式不仅降低了实验成本和安全风险，还显著提高了实验的互动性和趣味性。学生可以在虚拟实验室中自由探索，尝试不同的实验条件和方法，从而更深入地理解科学原理。

2. VR/AR 技术加深对科学知识的理解

VR/AR 技术的一个重要优势是能够帮助学生更加直观地观察科学现象。通过佩戴 VR 头盔或使用 AR 应用程序，学生可以身临其境地感受科学实验的全过程，从而更深入地理解科学知识的本质和内涵。这种沉浸式的学习方式有助于激发学生的学习兴趣和好奇心，促使他们更积极地参与到科学探究中去。

3. VR/AR 技术培养空间想象力和创新思维

除了直观地观察科学实验，VR/AR 技术还有助于培养学生的空间想象力和创新思维。在虚拟环境中，学生可以自由地构建和修改实验场景，探索不同的科学假设和解决方案。这种自由度和灵活性有助于激发他们的创造力，培养他们从不同角度思考问题和解决问题的能力。同时，通过在三维空间中进行实验操作，学生的空间想象力也得到了极大的锻炼和提升。

三、与语言文学的融合

（一）数字故事叙述与多媒体创作

1. 多媒体技术在故事叙述中的应用

在信息科技教学中，多媒体技术的应用为学生提供了全新的故事叙述方式。通过整合文字、图片、音频和视频等多种媒体元素，学生可以创作出富有动态感和层次感的数字故事。例如，在叙述一个历史故事时，学生可以利用图片和视频来还原历史场景，通过音频来模拟当时的环境声音，从而使得故事更加生动逼真。这种方式不仅能吸引学生的注意力，还能帮助学生更好地理解和传达故事的内涵。

2. 融合教学对学生能力的培养

数字故事叙述与多媒体创作的融合教学方式对学生的能力培养具有显著效果。首先，它提高了学生的信息素养和技术应用能力，使他们能够熟练掌握和运用各种数字工具和媒体资源。其次，这种教学方式激发了学生的创新思维和艺术表现力，培养了他们的审美情趣和人文素养。最后，通过跨媒体的沟通和合作，学生还提升了团队协作能力和社会交往能力。

（二）在线阅读与写作平台的使用

1. 在线阅读平台的资源优势

在线阅读平台为学生提供了海量的文学资源和多元的文化观点。通过这些平台，学生可以轻松获取世界各地的经典文学作品、最新的网络小说以及各类专业书籍。这种便捷的阅读方式不仅丰富了学生的课余生活，还拓宽了他们的知识视野。同时，在线阅读平台上的互动功能，如书评、讨论区等，也为学生提供了与他人交流思想、分享阅读感受的机会。

2. 在线写作平台的便捷性与创作激励

在线写作平台为学生提供了随时随地记录灵感和创作作品的便利。这些平台通常具有简洁易用的界面和丰富的写作工具，使得学生可以更加专注于创作过程。此外，许多在线写作平台还提供了作品展示和分享的功能，让学生的作品能够被更多人看到和欣赏。这种正面的反馈和激励机制极大地激发了学生的写作兴趣和创作潜力。

3. 网络环境下的阅读与写作能力培养

在线阅读和写作平台的使用对学生的阅读与写作能力培养具有重要意义。首先，网络环境下的阅读要求学生具备更高的信息筛选和整合能力，以从海量的文学资源中挑选出有价值的作品进行深入阅读。其次，在线写作锻炼了学生的文字表达能力和逻辑思维能力，使他们能够更清晰地表达自己的想法和情感。最后，这种教学方式还培养了学生的网络素养和自主学习能力，为他们未来的学术研究和职业发展奠定了基础。

四、与社会科学的融合

（一）使用信息技术研究社会问题

1. 信息技术在社会问题研究中的应用

信息技术的发展为社会科学研究带来了新的方法和视角。在信息科技教学中，教师可以指导学生利用网络资源、社交媒体、在线调查工具等信息技术手段，收集和分析与社会问题相关的数据和信息。例如，通过网络爬虫技术抓取社交媒体上的公众意见，或者利用大数据分析工具对社会现象进行深入研究。这些技术的应用使学生能够更加客观、全面地了解社会问题的本质。

2. 数据分析技术对社会问题研究的助力

数据分析技术在社会科学研究中发挥着越来越重要的作用。在信息科技教学中，教师可以教授学生如何使用数据分析软件对社会数据进行处理和解读。通过对大量数据的挖掘和分析，学生可以揭示出隐藏在数据背后的社会规律和趋势，从而更深入地理解社会问题的根源和解决方案。这种基于数据的研究方法不仅提高了研究的科学性和准确性，还培养了学生的逻辑思维和批判性思考能力。

3. 信息技术与社会责任感的培养

通过使用信息技术研究社会问题，学生不仅能够增长知识和技能，还能在实践中培养社会责任感。在信息科技教学中，教师可以通过引导学生关注社会热点问题，鼓励他们运用所学知识解决实际问题。这种教学方式使学生意识到自己的研究和分析能够对社会产生积极影响，从而激发他们的社会责任感和使命感。同时，通过与同学、老师和社会各界人士的交流与合作，学生还能学会如何将自己的研究成果转化为推动社会进步的力量。

（二）数字公民与网络安全教育的重要性

1. 数字公民意识的培养

在信息科技高度发达的今天，数字公民意识成了每个学生必备的基本素养。数字公民意识包括遵守网络道德规范、尊重他人隐私和知识产权、积极参与网络社区建设等方面。在信息科技教学中融入数字公民教育，可以帮助学生树立正确的网络价值观和行为准则，使他们能够在网络环境中自觉遵守规则、维护秩序，并积极参与网络社会的建设与发展。

2. 网络安全教育的必要性

随着网络技术的发展和普及，网络安全问题日益突出。网络安全教育旨在帮助学生了解网络安全风险，学会保护个人隐私和信息安全，防范网络欺诈和恶意攻击等行为。在信息科技教学中加强网络安全教育，可以提高学生的网络安全意识和防范能力，避免他们成为网络犯罪的参与者。同时，通过实际案例分析和模拟演练等方式，教师还可以帮助学生掌握应对网络安全事件的基本方法和技巧。

3. 融合教育对构建和谐网络环境的贡献

将数字公民与网络安全教育融入信息科技教学中，不仅有助于培养学生的自律意识和责任感，还能为构建和谐的网络环境贡献力量。通过教育引导，学生可以明确自己在网络环境中的权利和义务，学会用文明、理性的方式表达自己的观点和诉求。同时，他们还能积极传播正能量、抵制不良信息，共同维护健康、向上的网络生态。这种融合教育方式对于培养学生的综合素质和促进社会的和谐发展具有重要意义。

第二章　中小学信息科技教学课程设计

第一节　中小学信息科技课程目标与设计原则

一、课程目标设定

（一）知识目标：掌握基本的信息科技知识与技能

1. 信息科技基础知识的重要性

在信息化日益发展的今天，信息科技知识已经成为每个人必备的基础素养。中小学阶段是学生基础知识积累的关键时期，因此，将信息科技基础知识纳入课程体系至关重要。学生需要了解计算机的基本构成，如 CPU、内存、硬盘等硬件组件，以及操作系统、应用软件等软件资源。这些知识不仅有助于学生更好地理解计算机的工作原理，还能为他们后续深入学习信息科技打下坚实基础。

2. 办公软件操作技能的实用价值

在日常学习和工作中，办公软件如 Word、Excel、PowerPoint 等已成为不可或缺的工具。中小学信息科技课程应教授学生办公软件的基本操作，如文档编辑、表格制作、幻灯片演示等。掌握这些技能将极大提升学生的学习效率和未来的职业竞争力，使他们能够更加自如地应对各种学习和工作任务。

3. 网络基础知识的必要性

随着互联网的普及，网络已经成为人们获取信息、交流思想的重要平台。因此，中小学信息科技课程需要向学生传授网络基础知识，包括互联网的基本概念、网络协议、网络安全等。这些知识将帮助学生更安全、高效地利用网络资源，避免在网络环境中遭遇风险。

（二）能力目标：培养学生的信息素养和解决问题的能力

1. 信息素养的培养路径

信息素养是现代社会公民必备的核心素养之一，它涵盖了信息获取、处理、分析和利用等多个方面。中小学信息科技课程应通过实践项目和案例分析，教会学生如何有效地从海量信息中筛选有价值的信息，如何对信息进行整理和分析，以及如何利用信息解决问题。这种素养的提升将使学生在未来的学习和工作中更加游刃有余。

2. 解决问题能力的提升策略

面对复杂多变的问题情境，学生需要具备分析问题、提出解决方案并付诸实践的能力。中小学信息科技课程应通过创设真实的问题情境，引导学生运用所学信息科技知识去分析和解决实际问题。在这个过程中，学生不仅能够巩固所学知识，还能锻炼自己的逻辑思维和创新能力。

3. 团队合作与自主探究的结合

在解决问题的过程中，团队合作与自主探究都是不可或缺的能力。中小学信息科技课程应鼓励学生通过团队合作来共同解决问题，培养他们的协作精神和沟通能力。同时，课程还应引导学生进行自主探究，鼓励他们勇于尝试、不断创新，从而提升独立思考和解决问题的能力。

（三）情感目标：激发学生对信息科技的兴趣与热情

1. 兴趣是最好的老师

兴趣是推动学生学习的强大动力。中小学信息科技课程应通过富有趣味性和实用性的教学内容，激发学生对信息科技的兴趣和好奇心。当学生对信息科技产生浓厚兴趣时，他们会更加主动地投入到学习中去，不断探索新的知识和技能。

2. 设计挑战性的教学任务

挑战性的教学任务能够激发学生的学习兴趣和斗志。中小学信息科技课程可以设计一些具有挑战性的实践项目，如编程挑战、机器人设计等，让学生在完成任务的过程中感受信息科技的魅力和实用价值。这种教学方式不仅能够提升学生的信息科技技能，还能培养他们的创新意识和实践能力。

3. 关注学生个体差异与兴趣爱好

每个学生都有自己的兴趣爱好和特长，中小学信息科技课程应关注学生的个体差异，提供个性化的学习资源和指导。通过满足学生的不同需求和发展方向，课程能够进一步激发学生对信息科技的兴趣和热情，促使他们在这一领域持续发展和进步。同时，个性化的教学也有助于培养学生的自信心和自主学习能力，为他们的未来发展奠定坚实基础。

二、课程设计原则

（一）学生中心原则：以学生为中心，关注学生的需求和兴趣

1. 以学生为中心的课程设计理念

中小学信息科技课程设计的首要原则是以学生为中心。这意味着课程设计应围绕学生的需求、兴趣和发展来构建。学生的年龄特征、认知水平和学习兴趣是设计课程时必须考虑的关键因素。以学生为中心的课程不仅更能吸引学生的注意力，提高学生的参与度，还能更有效地促进他们的全面发展。

2. 贴近学生生活实际的教学内容

为了让学生更好地理解和应用信息科技知识，课程内容应贴近学生的生活实际。通过引入与学生日常生活相关的案例和场景，课程设计可以使学生更加直观地感受信息科技的实用性和趣味性。这种与实际生活紧密相连的教学内容，不仅能够激发学生的学习兴趣，还能帮助他们更好地将所学知识应用于实践中。

3. 培养学生自主学习能力的重要性

在以学生为中心的课程设计中，培养学生的自主学习能力是至关重要的。通过引导学生主动探索、独立思考，课程设计旨在帮助学生掌握有效的学习方法，为他们的终身学习打下坚实的基础。为此，教师可以设计一些自主探究的学习任务，让学生在解决问题的过程中不断提升自己的自主学习能力。

（二）实践性原则：强调实践操作，注重学生的动手能力培养

1. 实践操作的必要性

信息科技是一门实践性较强的学科，因此课程设计必须强调实践操作。通过亲身参与和动手实践，学生可以更深入地理解信息科技知识，从而提高解决

问题的能力。实践操作不仅能帮助学生巩固理论知识，还能培养他们的动手能力和创新精神。

2. 丰富的实验、实训环节

为了加强学生的实践操作，课程设计应包含丰富的实验、实训环节。这些环节可以为学生提供充足的实践机会，让他们在动手的过程中不断成长和进步。通过实验和实训，学生可以亲身体验信息科技的应用，从而更深入地理解和掌握相关知识。

3. 实践操作与理论知识的结合

实践操作并不是孤立的，而是应与理论知识紧密结合。在课程设计中，教师应注重实践操作与理论知识的衔接，确保学生在实践中能够运用所学知识解决问题。这种理论与实践相结合的教学方式，不仅能够增强学生的学习效果，还能培养他们的综合素质。

（三）创新性原则：鼓励学生创新思维，培养创造力

1. 创新思维的重要性

在快速发展的信息化时代，创新思维显得尤为重要。中小学信息科技课程设计应遵循创新性原则，鼓励学生大胆尝试、勇于创新。创新思维不仅能够帮助学生更好地适应未来社会的发展需求，还能提升个人竞争力和创造力。

2. 激发创新思维的教学方法

教师可以通过设置开放性问题、开展创新性实验等方式来激发学生的创新思维。开放性问题可以引导学生从不同角度思考问题，提出新颖的解决方案；创新性实验可以让学生在实践中探索新的方法和思路，培养他们的创新精神和实践能力。

3. 批判性思维的培养

除了创新思维，课程设计还应注重培养学生的批判性思维。批判性思维能够帮助学生从不同角度分析问题、评价观点，并提出合理的判断和质疑。通过培养学生的批判性思维，课程设计旨在教会他们如何更加理性、客观地看待问题，提升他们的思维品质。

（四）系统性原则：保证课程内容的连贯性和系统性

1. 课程内容的连贯性

中小学信息科技课程设计必须保证课程内容的连贯性。这意味着教师应根据学生的学习特点和认知水平，合理安排教学进度和教学内容，确保各个环节紧密相连、层层递进。连贯的课程内容能够帮助学生更好地理解和掌握所学知识，增强他们的学习效果。

2. 知识点的整合与拓宽

在课程设计中，教师应注重知识点的整合与拓宽。通过对相关知识点进行整合，教师可以帮助学生构建完整的知识体系；通过对知识点进行拓宽，教师可以引导学生深入探索相关领域，拓宽他们的视野和知识面。这种整合与拓宽的教学方式不仅能够提升学生的综合应用能力，还能培养他们的创新意识和实践能力。

3. 系统性的课程设计对学生发展的影响

系统性的课程设计对学生发展具有深远影响。通过系统性的学习，学生能够更全面地掌握信息科技知识，提高综合应用能力。同时，系统性的课程设计还能帮助学生培养良好的学习习惯，提升思维能力，为他们的未来发展打下坚实的基础。因此，在中小学信息科技课程设计中遵循系统性原则是至关重要的。

第二节　中小学信息科技教学方法与策略

一、常用的教学方法

（一）项目式学习：通过实际项目来驱动学生学习

1. 项目式学习的定义与特点

项目式学习，又称为 PBL（Project-Based Learning），是一种以学生为中心，通过驱动学生解决实际问题，进而使学生掌握新知识、新技能的教学方法。它强调学生的实践操作与自主探究，鼓励学生在真实或模拟的情境中，通过团队合作完成具体项目，以此来深化对理论知识的理解和应用。在中小学信息科技教学中，项目式学习能够充分激发学生的学习兴趣，培养其解决问题的能力以及团队合作精神。

2. 项目式学习在信息科技教学中的应用

在信息科技课程中，项目式学习可以围绕一个具体的软件设计、网页制作或者小型机器人编程等项目展开。学生在教师的引导下，从项目需求分析、设计、实施到测试等各个环节中，亲身体验信息科技知识的实际应用。这样的教学方式不仅能够帮助学生掌握基本的信息科技知识和技能，还能培养其解决实际问题的能力，以及面对挑战时的创新思维。

3. 实施项目式学习的关键要素

在实施项目式学习时，教师需要把握好以下几点：首先，项目的设计要具有针对性和挑战性，既要符合学生的认知水平，又能激发他们的探索欲望；其次，教师要给予学生充分的自主权，允许他们在项目实施过程中自由探索、试错和反思；最后，教师还要在项目进行过程中提供必要的指导和支持，以确保项目能够顺利进行并取得预期成果。

4. 项目式学习的效果评估与反馈

项目完成后，教师需要组织学生进行成果展示和评估。通过学生自评、互评以及教师评价相结合的方式，对项目成果进行全面、客观的评价。同时，教师还要根据评估结果，及时给予学生反馈和建议，以便他们在今后的学习中不断改进和提升。

（二）合作学习：通过小组合作，促进学生之间的交流与合作

1. 合作学习的理论基础与实践意义

合作学习是一种基于社会互赖理论、选择理论和教学工学理论等多种理论的教学方法。它强调学生在小组中通过互相帮助、互相学习来共同完成学习任务，从而实现知识的共建和共享。在信息科技教学中，合作学习能够促进学生之间的交流与合作，提高他们的团队协作能力，同时也有助于培养学生的沟通能力和解决问题的能力。

2. 合作学习的实施步骤与策略

实施合作学习时，教师需要遵循以下步骤和策略：首先，合理分组是关键，要确保每个小组的成员具有不同的背景和技能，以便相互学习和帮助；其次，明确小组任务和目标，让每个学生都明确自己在小组中的角色和责任；最后，通过讨论、分工和协作来完成学习任务，其间教师要给予适时的引导和帮助。

3. 合作学习中的教师角色与定位

在合作学习中，教师的角色发生了转变，从传统的知识传授者转变为学生的引导者和促进者。教师需要关注每个小组的学习进展，及时给予指导和反馈，以确保学习效果。同时，教师还要通过设计具有挑战性的学习任务，激发学生的合作欲望和创造力。

4. 合作学习的效果评价与反思

合作学习结束后，教师需要对学生的学习效果进行评价。除了关注知识技能的掌握情况，还要重视学生的团队协作能力、沟通能力和解决问题等能力的提升。同时，教师也要对合作学习的实施过程进行反思和总结，以便在今后的教学中不断完善和改进。

（三）翻转课堂：颠倒传统课堂模式，提高学生自主学习能力

1. 翻转课堂的教学理念与优势

翻转课堂是一种新型的教学模式，它将传统课堂中的知识传授和内化过程进行颠倒。在翻转课堂中，学生需要在课前通过自主学习掌握新知识，而课堂时间主要用于师生之间的互动交流、答疑解惑和深化拓宽。这种教学模式有助于提高学生的自主学习能力，促进他们对知识的深入理解和掌握。同时，翻转课堂还能够增加课堂的互动性和趣味性，提高学生的学习兴趣和参与度。

2. 翻转课堂在信息科技教学中的实施策略

在信息科技教学中实施翻转课堂时，教师需要采取以下策略：首先，提前准备好相关的教学资源和自主学习任务单，引导学生进行有效的课前预习；其次，在课堂上根据学生的预习情况组织有针对性的讨论和交流活动，帮助学生解决遇到的问题并加深对知识的理解；最后，通过课堂小测验、小组展示等方式检验学生的学习成果，及时调整教学策略以满足不同学生的需求。

3. 教师在翻转课堂中的角色与挑战

在翻转课堂中，教师的角色从传统的讲授者转变为学生的指导者和促进者。教师需要具备更高的教学能力和专业素养来应对各种挑战。例如，如何设计有效的课前预习任务，如何激发学生的学习兴趣和参与度，如何组织高效的课堂互动等。同时，教师还需要不断学习和更新知识储备以适应不断变化的教学需求。

4. 翻转课堂的效果评估与持续改进

为了评估翻转课堂的效果并持续改进教学质量，教师需要采取多种评估方式对学生的学习成果进行全面评价。除了传统的笔试和作业评分，还可以引入学生自评、互评以及教师评价相结合的方式。同时教师还要根据评估结果及时调整教学策略和方法以满足不同学生的需求并持续改进翻转课堂的教学效果。

二、教学策略

（一）差异化教学：针对不同学生的需求和能力，提供个性化的学习路径

1. 差异化教学的理论基础与实践意义

差异化教学源于"因材施教"的教育理念，它强调教育应尊重学生的个性差异，为每个学生提供最适合他们的教育资源和教学方法。在中小学信息科技教学中，由于学生的信息科技基础、学习兴趣和学习能力存在差异，因此实施差异化教学具有十分重要的实践意义。通过差异化教学，教师能够确保每个学生都能在信息科技课程中获得最大的发展，提高他们的学习效果和学习动力。

2. 实施差异化教学的关键步骤

（1）了解学生差异。教师需要通过课前调查、课堂观察和课后反馈等多种方式，全面了解每个学生的信息科技基础、学习兴趣、学习风格和能力特点，为差异化教学提供准确的依据。

（2）制订个性化教学计划。根据对学生的了解，教师需要为每个学生或学生群体制定个性化的教学目标、教学内容和教学方法。例如，对于基础较好的学生，可以设置更高层次的学习目标，提供更多的拓宽性学习内容；对于基础较弱的学生，需要加强基础知识的训练，提供更多的辅导和支持。

（3)提供多样化的学习资源和活动。为了满足不同学生的学习需求和兴趣，

教师需要准备丰富多样的学习资源和活动。例如，可以设计不同难度的练习题、实验任务和项目挑战，以供学生根据自己的实际情况进行选择。

（4）持续跟踪与调整。在实施差异化教学过程中，教师需要密切关注学生的学习进展和反馈情况，及时调整教学策略以满足他们的个性化需求。这包括调整学习小组的分配、学习任务的难度和学习活动的形式等。

3. 差异化教学中的挑战与对策

实施差异化教学虽然能够带来诸多益处，但也面临着一些挑战。例如，教师需要投入更多的时间和精力来了解学生、设计个性化的教学计划和跟踪学生的学习进展。为了应对这些挑战，教师可以采取以下对策：加强与学生的沟通和交流，建立良好的师生关系；充分利用信息技术手段，提高教学效率；寻求同事、学校和家长的支持与合作，共同促进学生的个性化发展。

（二）启发式教学：通过提问和讨论，引导学生主动思考和探索

1. 启发式教学的核心理念与价值

启发式教学强调通过提问和讨论来引导学生主动思考和探索知识，从而培养他们的批判性思维和创新能力。在中小学信息科技教学中采用启发式教学策略，可以激发学生的学习兴趣和好奇心，促使他们更加积极地参与到学习过程中来。同时，启发式教学还有助于培养学生的自主学习能力和问题解决能力，为他们的未来发展奠定坚实的基础。

2. 实施启发式教学的关键要素

（1）精心设计问题。教师需要根据教学目标和学生的实际情况，精心设计具有启发性和挑战性的问题。这些问题应该能够激发学生的思考兴趣，引导他们深入探索信息科技知识。

（2）鼓励学生主动参与。在启发式教学中，教师需要鼓励学生主动参与提问和讨论活动。通过营造轻松、民主的课堂氛围，让学生能够敢于表达自己的观点和见解。

（3）注重思维训练。启发式教学不仅要传授知识，更要注重培养学生的思维能力。教师可以通过引导学生分析、比较、归纳和总结等方法，来训练他们的逻辑思维和创造性思维。

3. 启发式教学中的师生互动与生生互动

在启发式教学中，师生互动与生生互动是至关重要的。教师需要与学生建立良好的互动关系，通过提问、倾听和反馈等方式来引导学生深入思考。同时，教师还要鼓励学生之间的交流与讨论，让他们在相互启发中共同成长。这种互动与合作的学习氛围有助于激发学生的学习兴趣和动力，提高他们的学习效果。

（三）及时反馈：给予学生及时的评价和反馈，调整教学策略

1. 及时反馈的重要性与作用

在中小学信息科技教学中，及时反馈是一种至关重要的教学策略。它能够帮助学生及时了解自己的学习情况和问题所在，从而调整学习方法和策略。同时，及时反馈还能够增强学生的学习动力和自信心，提高他们的学习效果和成绩。通过及时反馈的教学策略，教师和学生之间能够形成有效的互动和沟通机制，共同促进教学质量的提升。

2. 实施及时反馈的关键环节

（1）关注学生的学习过程。教师需要密切关注学生的学习过程，及时发现他们的学习问题和困难。通过课堂观察、作业批改和测试评估等方式，了解学生的学习进展和掌握情况。

（2）给予客观具体的评价。在给予学生反馈时，教师需要提供客观具体的评价。这包括肯定学生的进步和成绩，同时指出他们在学习过程中存在的问题和不足。通过明确的评价，帮助学生更好地认识自己的学习状况并找到改进的方向。

（3）及时调整教学策略。根据学生的反馈情况和学习需求，教师需要及时调整教学策略以满足他们的个性化需求。例如，针对学生的学习难点和易错点进行重点讲解和训练；根据学生的兴趣和特长设计拓宽性学习任务等。通过灵活调整教学策略，确保每个学生都能在信息科技课程中获得最大的发展。

3. 及时反馈中的师生互动与沟通机制

在及时反馈的教学策略中，师生互动和沟通机制是至关重要的。教师需要与学生建立良好的沟通渠道，鼓励他们主动反馈学习情况和问题。同时，教师还要积极回应学生的反馈和需求，提供有针对性的指导和帮助。通过有效的师生互动与沟通机制，共同促进教学质量的提升和学生的全面发展。

第三节　中小学信息科技教学资源与工具的选择

随着信息科技的飞速发展，中小学信息科技教育越来越受到重视。在教学过程中，选择合适的教学资源与工具，对于提高教学效果、激发学生的学习兴趣至关重要。

一、教学资源的选择

（一）教材选择

1. 教材与课程目标及学生特点的契合度

教材作为教学活动的基础，其选择应紧密结合课程目标和学生特点。信息科技课程的教材不仅要涵盖基本的信息科技概念和原理，还要能够适应不同年龄段学生的认知水平和兴趣点。对于小学生，教材应注重趣味性和直观性，通过生动的图画和实例激发学生对信息科技的兴趣；对于中学生，教材可适当增加深度和广度，引入更多实际应用场景和挑战性任务，以满足学生日益增长的求知欲和探索欲。

在选择教材时，应首先分析课程目标，明确学生需要掌握的知识点和技能，然后对比不同教材的内容编排、难度设置和呈现方式，选出最符合教学需求的教材。同时，还应考虑学生的个体差异，选择能够适应不同学习风格和节奏的教材，以确保每位学生都能在信息科技课程中收获成长。

2. 教材的系统性与前瞻性

一本好的信息科技教材应具备系统性和前瞻性。系统性意味着教材能够全面、有序地介绍信息科技的基本概念和原理，帮助学生构建起完整的知识框架。为实现这一目标，教材编写者通常会按照由浅入深、由易到难的顺序编排内容，确保学生在逐步深入学习的过程中能够不断巩固和拓宽知识。前瞻性要求教材能够紧跟信息科技的发展步伐，及时反映行业的最新动态和趋势。随着技术的不断进步，信息科技领域的新知识、新技术层出不穷。因此，教材应适时更新内容，引入最新的技术案例和实践经验，让学生在学习过程中始终保持与时俱进。

在选择教材时，应关注其系统性和前瞻性，确保所选教材既能够帮助学生打好基础，又能够引领他们探索信息科技的前沿领域。

3. 教材的选择方法与调整策略

在选择教材时，可以通过多种途径进行筛选和评估。阅读教材样章是了解教材风格和内容的有效方式；向使用过该教材的教师请教并参考他们的使用反馈，可以获得更多实践经验；查阅专业机构的评价，有助于了解教材在行业内的认可度和影响力。

选定教材后，还需根据实际情况进行适当的补充和调整。例如，可以针对学生的具体需求和兴趣点增加或删减某些章节；结合时事热点和技术发展趋势，引入新的教学案例和实践项目；根据学生的学习进度和反馈情况，灵活调整教学计划和难度设置。通过这些调整策略，可以确保教学内容更加贴近学生实际，提高教学效果。

（二）辅助资料

1. 网络资源的利用

在信息时代，网络资源成了教学的重要辅助资料。网络资源具有信息量大、更新迅速、交互性强等特点，为信息科技教学提供了丰富的素材和案例。教师可以通过搜索引擎、专业网站、在线教育平台等途径获取与教学内容相关的网络资源。

利用网络资源时，教师需要注意以下几点：首先，要确保资源的来源可靠，避免引入错误或误导性的信息；其次，要对资源进行筛选和整合，选择与教学目标紧密相关、适合学生年龄和认知水平的资源；最后，要引导学生正确使用网络资源，培养他们的信息素养和自主学习能力。

2. 图书馆资源的挖掘

图书馆是一个重要的辅助资料来源。图书馆收藏了大量的专业书籍和期刊，涵盖了信息科技的各个方面。教师可以通过图书馆的目录系统和检索工具找到与教学内容相关的书籍和文章，为学生提供更加深入和系统的学习材料。

在挖掘图书馆资源时，教师应注意以下几点：首先，要熟悉图书馆的藏书情况和借阅规则，以便高效地找到所需资源；其次，要根据学生的需求和兴趣推荐适合的书籍和文章；最后，要鼓励学生积极利用图书馆资源，培养他们的阅读兴趣和习惯。

3. 辅助资料的选择原则与指导策略

在选择辅助资料时，教师应遵循权威性、准确性和适用性的原则。权威性要求资料来源可靠、内容专业；准确性要求资料信息真实、无误导性；适用性要求资料与教学目标、学生需求相匹配。

为指导学生有效利用辅助资料，教师可以采取以下策略：首先，明确告知学生资料的来源和用途，帮助他们建立正确的信息获取和处理意识；其次，教授学生如何筛选和整合资料，提高他们的信息筛选和整合能力；最后，鼓励学生进行批判性思考和创造性应用，培养他们的创新思维和问题解决能力。通过这些指导策略，教师可以帮助学生更好地利用辅助资料提升学习效果。

二、教学工具的选择

（一）硬件工具

1. 硬件工具的选择原则

在信息科技教学中，硬件工具的选择应遵循几个重要原则。首先，实用性原则，即所选硬件必须能够满足教学的实际需求，能够支持各种教学软件和应用的运行。其次，稳定性原则，硬件工具应具有良好的稳定性，避免因设备故障而频繁中断教学。再次，易用性原则，设备的操作界面和使用方法应简单直观，便于学生快速上手。最后，可维护性原则也不容忽视，设备应易于维护和升级，以适应不断变化的教学需求。

2. 计算机设备的选择要点

在选择计算机设备时，教师需要综合考虑多个方面。首先是性能要求，包括处理器速度、内存容量和硬盘容量，这些因素直接影响计算机的运行速度和数据处理能力。对于需要运行大型软件或多任务处理的教学场景，高性能的计算机设备是必不可少的。其次是显示效果，清晰的显示屏和良好的视觉体验对于学生的学习至关重要。此外，设备的扩展性和兼容性也不容忽视，以便于未来根据教学需求进行升级和扩展。

3. 平板设备的选择与应用

平板设备因其便携性和触控操作的直观性，在信息科技教学中越来越受到青睐。在选择平板设备时，教师应关注屏幕尺寸和分辨率、触控灵敏度以及电池续航能力等关键指标。大屏幕和高分辨率可以提供更好的视觉体验，触控灵敏能确保流畅的操作感受，而长时间的电池续航能满足学生一整天的学习需求。此外，平板设备上的教学应用也是选择的重要因素，这些应用应能丰富教学内容，提升学生的学习兴趣和效率。

（二）软件工具

1. 编程软件的选择与使用

在信息科技课程中，编程是一个重要的学习内容。因此，选择适合的编程软件至关重要。对于初学者，图形化编程软件如 Scratch 等是一个很好的入门选择。这类软件通过直观的图形界面和拖拽式的代码块，降低了编程的门槛，有助于培养学生的逻辑思维能力。随着学习的深入，学生可以逐渐过渡到更高级的编程语言和环境，如 Python、Java 等。在选择这些高级编程软件时，教师应考虑软件的易用性、功能是否强大，以及是否有良好的社区支持等因素。

2. 学习平台的选择与利用

除了编程软件，学习平台也是信息科技教学中不可或缺的软件工具。一个好的学习平台应提供丰富的教学资源、强大的互动功能以及实时更新的内容。教师可以通过平台发布课程、布置作业、进行在线测试等教学活动，而学生则可以在平台上自主学习、完成作业并参与讨论。在选择学习平台时，教师应关注平台的稳定性、易用性以及是否支持多种教学模式和评估方式。同时，平台还应提供详细的学习数据和分析报告，以便教师更好地了解学生的学习情况并进行针对性的指导。

3. 软件工具的整合与创新应用

在信息科技教学中，单一的软件工具往往难以满足所有的教学需求。因此，教师需要具备整合多种软件工具的能力，以创建一个多元化、个性化的学习环境。例如，可以将编程软件与学习平台相结合，让学生在平台上完成编程任务并提交作品；或者利用虚拟现实（VR）技术配合相关软件，为学生提供更加沉浸式的学习体验。通过整合和创新应用各种软件工具，教师可以有效提升教学效果并激发学生的学习兴趣和创造力。

第四节 中小学信息科技课堂管理与学习氛围营造

在中小学信息科技教育中，有效的课堂管理和积极的学习氛围对于提升教学质量至关重要。

一、课堂管理策略

（一）明确课堂规则，建立良好的课堂秩序

1. 制定并明确课堂规则的重要性

在信息科技课堂上，明确的课堂规则不仅有助于维护课堂秩序，更能帮助学生养成良好的学习习惯，提升自主管理能力。规则的制定应以学生为中心，充分考虑他们的年龄特点和心理需求，同时结合信息科技课程的特殊性。规则的明确和统一，可以确保所有学生在课堂上都能有相同的行为准则，从而减少因误解或规则模糊而导致的课堂混乱。

2. 规则内容的制定与实施

课堂规则的内容应涵盖上课纪律、设备使用规范、小组合作方式等多个方面。例如，上课纪律可以包括按时到课、保持安静、尊重他人发言等；设备使用规范要求学生正确使用和保管计算机或其他教学设备，避免损坏或滥用；小组合作方式需明确分工、合作与沟通的原则。这些规则的制定，旨在营造一个积极、健康的学习环境，使学生能够专注于学习。

在实施规则时，教师应注重引导与激励相结合。一方面，通过讲解、示范等方式帮助学生理解并遵守规则；另一方面，设立奖励机制，对遵守规则、表现优异的学生给予肯定和表彰，从而激发学生的学习积极性。

3. 建立良好课堂秩序的具体措施

为了建立良好的课堂秩序，教师可以采取一系列具体措施。首先，制定详细的设备使用规定，确保学生在使用设备时能够保持专注、高效的学习状态。其次，建立课堂表现奖励机制，通过积分、小奖品等方式激励学生积极参与课堂活动，遵守课堂规则。此外，教师还应定期检查和维护教学设备，确保其正常运行，避免因设备故障而影响课堂教学。

（二）合理分组，促进学生间的交流与合作

1. 分组策略的制定与实施

在信息科技课堂上，合理的分组策略对于促进学生间的交流与合作至关重要。教师应根据学生的兴趣、能力和性格等因素进行综合考虑，制定符合学生特点的分组方案。分组时，可以采用异质分组的方式，将具有不同背景和特长的学生组合在一起，以便他们能够相互学习、取长补短。

实施分组策略时，教师应明确小组内的分工和责任，确保每个学生都能在小组合作中找到自己的位置并发挥作用。同时，教师还应关注小组间的平衡性，避免出现某些小组过于强势或弱势的情况。

2. 团队协作任务的设置与完成

为了加强小组间的交流与合作，教师可以设计一些具有挑战性的团队协作任务。这些任务应紧密结合信息科技课程的内容和目标，同时考虑到学生的实际情况和兴趣点。例如，可以安排学生以小组为单位完成一个编程项目或网站设计任务，要求他们在规定的时间内完成并展示成果。

在任务完成过程中，教师应给予适时的指导和帮助，确保学生能够顺利完成任务并达到预期的学习目标。同时，教师还应鼓励学生之间的交流与讨论，让他们在相互合作中共同解决问题、提升能力。

（三）有效监控，确保学生学习活动的顺利进行

1. 监控方式的选择与实施

在信息科技课堂上，有效的监控是确保学生学习活动顺利进行的关键环节。教师可以通过多种方式对学生的学习活动进行监控，如观察学生的课堂表现、检查学生的作业和作品等。此外，还可以利用教学管理系统或在线学习平台等

工具进行实时监控和数据收集。

在实施监控时，教师应注重方式的合理性和科学性，避免给学生带来不必要的压力和负担。同时，教师还应根据学生的实际情况和需求调整监控策略，以确保其有效性。

2. 及时发现问题并给予指导

通过有效的监控，教师能够及时发现学生在学习过程中遇到的问题和困难。这些问题可能涉及知识点掌握不牢固、操作方法不正确或学习态度不端正等方面。针对这些问题，教师应及时给予指导和帮助，避免问题积累导致学习障碍。

在给予指导时，教师应注重因材施教和循序渐进的原则，根据学生的实际情况制定个性化的辅导方案。同时，教师还应关注学生的情感需求和心理状态，给予他们必要的支持和鼓励。

3. 沟通与协作机制的建立与实施

为了确保监控的有效性并形成良好的家校共育氛围，教师应与学生和家长建立良好的沟通与协作机制。这包括通过定期与学生进行面对面的交流、利用网络平台进行信息传递和反馈以及组织家长会等活动加强家校联系。

通过这些沟通与协作机制的建立与实施，教师能够更全面地了解学生的学习情况和需求，从而为他们提供更精准、个性化的教学服务。同时，这也有助于增进师生之间的感情和信任，为学生的学习和发展创造更加有利的环境。

二、学习氛围营造

（一）创建积极的学习环境，鼓励学生主动参与

1. 教室环境的优化与布置

为了营造积极的学习环境，教室的布置和环境优化是关键。首先，保持教室的整洁和明亮能够给学生带来舒适感，有助于提高学习效率。教师可以在课前进行教室的清扫和整理，确保桌椅整齐、黑板干净，为学生提供一个良好的视觉环境。其次，通过展示优秀的学生作品，不仅可以激励学生追求更高的学习目标，还能为教室增添学术氛围。这些作品可以是编程项目、网页设计或是其他与信息科技相关的创意作品。

2. 丰富多样的教学活动设计

设计具有吸引力和挑战性的教学活动是鼓励学生主动参与课堂的关键。例如，编程竞赛可以激发学生的竞争意识，促使他们在编程技能上有所突破；创意设计展示能让学生将所学知识应用于实际，培养他们的创新思维和实践能力。这些活动不仅能提高学生的学习兴趣，还能帮助他们在实践中巩固和拓宽所学知识。

3. 教师角色的转变与引导

在创建积极学习环境的过程中，教师需要从传统的知识传授者转变为引导者和促进者。教师应鼓励学生提出问题、发表观点，并与他们共同探讨解决方案。通过这种方式，教师能够激发学生的学习兴趣，促使他们更加主动地参与到课堂中来。

（二）提供展示与交流的机会，增强学生的自信心与表达能力

1. 课堂展示活动的组织与实施

课堂展示是提高学生自信心和表达能力的有效途径。教师可以定期组织学生进行课堂展示，让他们有机会向全班同学分享自己的学习成果和心得。在展示过程中，教师应给予学生充分的支持和鼓励，帮助他们克服紧张情绪，自信地表达自己的观点。

2. 小组讨论与在线交流平台的搭建

小组讨论和在线交流能够为学生提供更多互动和合作的机会。通过小组讨论，学生可以围绕某个主题展开深入探讨，相互学习、取长补短。而在线交流平台能让学生随时随地进行沟通和分享，拓宽他们的学习视野。在这些活动中，教师应扮演引导者的角色，帮助学生明确讨论方向，确保交流的有效性。

3. 反馈与鼓励的重要性

在提供展示与交流机会的同时，教师还应给予学生积极的反馈和鼓励。及时的正面反馈能够增强学生的自信心，激发他们继续努力的动力。教师可以通过点评、打分或是口头表扬来表达对学生的认可和支持。

（三）关注学生的心理需求，及时给予支持与鼓励

1. 学生情感变化与学习态度的观察

在信息科技课堂上，教师应时刻关注学生的情感变化和学习态度。通过观察学生的表情、语言和行为，教师可以及时了解他们的学习状态和心理需求。例如，当发现学生表现出焦虑、沮丧等负面情绪时，教师应主动与他们沟通，了解问题的根源并给予适当的帮助和支持。

2. 个性化支持与指导的提供

针对学生在学习过程中遇到的不同问题和困惑，教师应提供个性化的支持和指导。对于表现出色的学生，教师可以给予更高的挑战和期望，鼓励他们继续追求卓越；对于遇到困难的学生，教师应耐心倾听他们的诉求，提供具体的解决方案和学习建议。通过这种方式，教师能够满足不同学生的心理需求，促进他们的个性化发展。

3. 肯定与奖励机制的建立

为了激励学生保持积极的学习态度和价值观，教师应建立肯定与奖励机制。这可以通过设立奖学金、评选优秀学生等方式实现。当学生在信息科技课程中取得优异成绩或表现出色时，教师应及时给予肯定和奖励，以此激发他们的学习热情和进取心。同时，这种机制还能在班级中营造一种积极向上的学习氛围，促使更多学生努力追求进步。

第三章 中小学信息科技教学实践

第一节 中小学信息科技教学前的准备工作

在中小学信息科技教学中，充分的教学准备工作是确保教学质量和效果的关键。教学前的准备涵盖了多个方面，包括教学内容分析、学情分析以及教学设计等。

一、教学内容分析

（一）明确教学目标与重点难点

在教学之前，教师首先要对教学内容进行深入分析，明确教学目标。这包括确定本节课学生要掌握的知识点和技能，以及希望学生通过学习达到何种能力水平。同时，教师还需识别教学中的重点和难点，以便在教学过程中能有针对性地讲解和练习，帮助学生更好地理解和掌握关键内容。

例如，在教授"编程基础"这一课时，教学目标可以是让学生掌握基本的编程概念和语法，能够编写简单的程序，而教学难点可能在于如何让学生理解抽象的编程逻辑，并应用到实际操作中。

（二）梳理知识点与技能

在明确了教学目标后，教师需要细致地梳理教学内容中的知识点和技能点。这包括列出本节课要讲授的所有关键概念和操作步骤，以及这些概念和操作之间的相互关系。通过这一步骤，教师可以更清晰地把握教学内容的结构和脉络，为后续的教学设计提供坚实的基础。

以"网页设计"课程为例，知识点可能包括 HTML 基本结构、CSS 样式设置等，而技能点可能涉及如何使用网页设计软件进行实际操作。

（三）准备相关案例

为了使教学更加生动和具体，教师需要准备一些与教学内容相关的案例。这些案例可以是实际的项目作品、历史上的重要事件，或者是与学生生活密切相关的实例。通过引入这些案例，教师可以帮助学生更好地理解抽象的概念和技能，并激发他们的学习兴趣。

在教授"动画制作"时，教师可以准备一些经典的动画作品作为案例，让学生分析其中的动画技巧和创意，从而加深对动画制作的理解。

二、学情分析

（一）了解学生已有知识与技能基础

在进行教学设计之前，教师需要充分了解学生已有的知识与技能基础。这包括学生在之前课程中学习过的相关内容，以及他们在日常生活中可能积累的相关经验。通过这一步骤，教师可以更好地把握学生的起点水平，为后续的教学提供有针对性的指导。

例如，在开设"数据库管理"课程前，教师可以先了解学生是否已经掌握了基本的计算机操作和数据处理技能。

（二）分析学生的学习兴趣与需求

了解学生的学习兴趣和需求是教学前的重要准备工作。教师可以通过问卷调查、个别访谈等方式，收集学生对即将学习的内容的看法和期望。这样，教师在教学设计时就能更加贴近学生的实际需求，提高教学的针对性和实效性。

在教授"网络安全"这一主题时，教师可以通过调查了解学生对网络安全问题的关注程度和学习期望，从而调整教学内容和方法，使之更符合学生的兴趣点。

（三）预测学生在学习过程中可能遇到的困难

根据学生的实际情况和教学内容的特点，教师需要预测学生在学习过程中可能遇到的困难和挑战。这些困难可能来源于知识点的复杂性、技能操作的难度，或者是学生个人学习习惯和心理状态的影响。通过提前预测这些困难，教师可以制定相应的教学策略，帮助学生更好地克服障碍，增强学习效果。

三、教学设计

（一）制订详细的教学计划

在完成了教学内容和学情分析后，教师需要制订详细的教学计划。这包括确定教学的时间安排、每个环节的教学内容和方法，以及预期达到的教学效果等。通过制订详细的教学计划，教师可以更有条理地组织教学活动，确保教学的连贯性和高效性。

（二）设计有效的教学活动

教学活动设计是教学设计的核心部分。教师需要根据教学目标和学生特点，设计一系列具有针对性和趣味性的教学活动。这些活动可以包括小组讨论、实践操作、案例分析等多种形式，旨在激发学生的学习兴趣，提高他们的学习积极性和参与度。

在"算法与数据结构"课程中，教师可以设计一些实际问题，让学生通过编程实践来掌握算法的应用和数据结构的实现。

（三）准备必要的教学工具与资源

为了确保教学活动的顺利进行，教师需要提前准备好必要的教学工具和资源。这包括教学软件、硬件设备、教材教辅资料等。同时，教师还需要确保这些工具和资源的可用性和可靠性，以免在教学过程中出现意外情况影响教学效果。

例如，在"3D建模与渲染"课程中，教师需要提前安装和调试好相关的3D建模软件，并准备一些基础的建模素材和教程供学生参考和学习。

第二节　中小学信息科技教学中的互动与引导

在中小学信息科技教学中，有效的互动与引导对于提升学生的学习兴趣、思维能力和实践技能至关重要。

一、师生互动

（一）创设良好的课堂氛围

1. 教师的态度与语言运用

在信息科技课堂上，教师的态度和语言对于创设良好的课堂氛围起着至关重要的作用。首先，教师应以亲切和蔼的态度对待每一位学生，让学生感受到教师的关心和温暖。通过微笑、点头等肢体语言，教师可以向学生传递出友善和尊重的信号，从而拉近与学生之间的距离。其次，教师在课堂上的语言运用也要讲究技巧。使用幽默风趣的语言可以吸引学生的注意力，使课堂更加生动有趣。同时，应要避免使用过于严肃或刻板的措辞，以免给学生带来压力。

2. 利用多媒体教学资源

为了营造更加生动有趣的课堂氛围，教师可以充分利用多媒体教学资源。例如，通过展示与课程内容相关的动画、视频或图像，可以帮助学生更加直观地理解抽象的信息科技概念。这些多媒体资源不仅能够激发学生的学习兴趣，还能使他们在轻松愉快的氛围中掌握知识。此外，教师还可以利用互动性的教学软件或在线平台，让学生在课堂上进行实时操作和反馈，从而提高他们的学习积极性和参与度。

3. 培养学生的自主学习意识

在创设良好的课堂氛围中，培养学生的自主学习意识也是关键一环。教师应鼓励学生独立思考、主动探索，让他们在解决问题的过程中感受到学习的乐趣和成就感。通过设立自主学习区、提供丰富的学习资源等方式，教师可以帮助学生建立起自主学习的习惯和信心。这样，学生在课堂上的学习将更加高效、深入，课堂氛围也将更加活跃、和谐。

（二）鼓励学生积极参与课堂讨论

1. 设置具有争议性或开放性的问题

为了鼓励学生积极参与课堂讨论，教师可以设置具有争议性或开放性的问题。这类问题能够激发学生的思考兴趣，促使他们从不同的角度审视问题并发表自己的观点。例如，在信息科技课堂上，教师可以提出关于技术发展趋势、网络安全等话题的讨论问题，引导学生展开深入的探讨。在讨论过程中，教师应保持中立的态度，鼓励学生自由发表意见并相互辩论，从而培养他们的批判性思维和创新能力。

2. 给予每个学生充分的发言机会

在课堂讨论中，教师应确保每个学生都有机会发表自己的观点。为了避免个别学生长时间占据发言机会，教师可以采用轮流发言、小组讨论等方式，让每个学生都能参与到讨论中来。同时，对于较为内向或不愿发言的学生，教师应给予更多的鼓励和引导，帮助他们克服心理障碍并积极参与到课堂讨论中来。

3. 积极的反馈和评价

为了激励学生更加积极地参与课堂讨论，教师应给予他们积极的反馈和评价。当学生在讨论中发表独到的见解或提出有价值的观点时，教师应及时给予肯定和赞扬。这种正面的反馈能够增强学生的自信心和成就感，促使他们在未来的课堂讨论中更加积极地表现自己。同时，教师还可以定期评选"最佳发言人"或"最有创意观点"等奖项，进一步激发学生的讨论热情。

（三）及时回应学生的问题与反馈

1. 耐心解答学生的问题

在信息科技课堂上，学生可能会提出各种问题。教师应时刻关注并及时回应这些问题。对于学生提出的具体问题，教师应耐心解答并确保学生能够真正理解相关知识点。如果问题较为复杂或涉及多个方面，教师可以引导学生逐步分析并给出详细的解答过程。通过这种方式，教师不仅能够帮助学生解决学习上的困难还能增强他们的学习信心。

2. 关注学生的情感需求

除了知识层面的问题，教师还应关注学生的情感需求并给予必要的支持和鼓励。教师应在课堂上密切观察学生的情绪变化和学习态度。当发现学生表现出焦虑、沮丧等负面情绪时，教师应主动与他们沟通并了解问题的根源，然后提供针对性的帮助和支持，让学生感受到教师的关心和温暖，从而更加积极地投入到学习中去。

3. 及时调整教学策略

根据学生的问题和反馈,教师应及时调整教学策略以满足学生的学习需求。

如果某个知识点存在普遍性的困惑或误解，教师可以采用更加直观、生动的教学方式进行讲解，如通过实验演示、案例分析等方式帮助学生更好地理解和掌握相关知识。同时，教师还可以定期收集学生的意见和建议，以便不断完善自己的教学方法和手段。

二、生生互动

（一）组织小组合作与交流活动

1. 小组合作学习的意义与实施

在信息科技教学中，小组合作学习是一种重要的教学策略。它鼓励学生通过小组讨论、合作完成任务，从而增强学习效果。小组合作学习不仅能够促进学生之间的交流与合作，还能培养他们的团队协作能力、沟通能力和解决问题的能力。实施小组合作学习时，教师应依据学生的兴趣、能力等因素合理分组，并为每个小组分配明确的任务和目标，确保每个学生都能在小组中找到相应的位置，发挥个人优势。

2. 设计与组织交流活动

为了进一步加强生生互动，教师可以设计与组织各种交流活动。例如，可以安排小组之间的辩论赛、研讨会等，让学生围绕某个信息科技主题展开深入讨论。在这些活动中，学生不仅需要运用所学知识进行阐述和论证，还需要学会倾听他人的观点，并提出有针对性的反馈。通过这些交流活动，学生能够更加全面地了解信息科技知识，同时提高自己的思维能力和表达能力。

3. 教师在小组合作与交流活动中的角色

在小组合作与交流活动中，教师应扮演好引导者、促进者和评价者的角色。首先，教师需要为学生提供必要的指导和支持，帮助他们明确任务目标、制定合作计划。其次，在活动过程中，教师应密切留意学生的表现，及时给予反馈和建议，确保活动的顺利进行。最后，在活动结束后，教师应对学生的表现进行评价和总结，帮助他们认识到优点和不足，以便在今后的学习中加以改进。

（二）引导学生分享经验与成果

1. 经验分享的重要性与方法

在信息科技课堂上，引导学生分享经验是一个重要的教学环节。学生通过分享学习经验、解题技巧等，学生可以相互借鉴、取长补短，从而增强学习效果。为了实现有效的经验分享，教师可以定期组织学生进行课堂展示、小组讨论等活动，让他们有机会向同学介绍自己的学习心得和体会。同时，教师还可以鼓励学生通过线上平台进行交流与分享，拓宽互动渠道。

2. 成果展示的激励作用

成果展示是激发学生学习热情和创造力的有效途径。当学生完成一个信息科技项目或作品时，教师可以组织他们进行成果展示，让同学欣赏和评价。这种展示不仅能够让学生感受到自己的进步和成就，还能激发他们的竞争意识和创新精神。在成果展示过程中，教师应给予学生积极的反馈和评价，帮助学生建立自信，提升他们的学习动力。

3. 从分享中汲取灵感与教训

通过分享与交流，学生可以从同学的经验和成果中汲取灵感和教训。例如，当某个同学分享了一个独特的信息科技项目时，其他同学可能会受到启发，从而产生新的创意和想法。同时，从别人的失败经历中，学生也可以吸取教训，避免自己在未来的学习中犯类似的错误。因此，教师应鼓励学生积极参与分享与交流活动，充分利用这些机会提升自己的学习能力和综合素质。

（三）培养学生的团队协作精神

1. 团队协作精神的重要性

团队协作精神是现代社会不可或缺的重要素质。在信息科技领域，一个项目的成功往往取决于团队成员之间的协作与配合。因此，培养学生的团队协作精神至关重要。通过团队协作，学生可以学会如何与他人沟通、协调和合作，从而提高工作效率和创新能力。同时，团队协作精神还能帮助学生建立良好的人际关系，为未来的职业发展奠定基础。

2. 通过项目与竞赛培养团队精神

为了培养学生的团队协作精神，教师可以引导学生参与一些需要团队合作的项目或竞赛。在这些活动中，学生需要明确分工、相互配合，共同完成任务或解决问题。通过实践锻炼，学生可以更加深入地理解团队协作的重要性，并学会如何在团队中发挥自己的优势和作用。此外，教师还可以借助这些活动观察学生的表现，针对他们在团队合作中存在的问题给予指导和帮助。

3. 教师在培养团队精神中的角色与责任

在培养学生的团队协作精神过程中，教师应承担起重要的角色与责任。首先，教师需要为学生营造良好的团队合作氛围，鼓励他们积极参与团队活动并发挥自己的特长。其次，教师应提供必要的指导和支持，帮助学生建立有效的沟通机制和合作模式。最后，教师还需要对学生在团队合作中的表现进行评价和反馈，以便他们不断改进和提高自己的团队协作能力。

三、教学引导策略

（一）启发式教学：引导学生主动思考

1. 启发式教学的核心理念

启发式教学强调学生的主体性，鼓励教师作为引导者，通过提问、讨论等方式激发学生的好奇心，引导他们主动探索和思考。在信息科技教学中，启发式教学的应用尤为重要，因为它能帮助学生从被动接受知识转变为主动构建知识，从而提高学习效果。

2. 设置问题情境的重要性

在信息科技课堂上，教师可以通过设置与现实生活密切相关的问题情境，引发学生的思考。例如，教师可以提出一个与信息技术相关的问题，让学生思考如何利用所学知识去解决。这样的问题情境不仅能激发学生的学习兴趣，还能让他们意识到信息科技知识在实际生活中的应用价值。

3. 提出问题串，层层深入

为了引导学生逐步深入思考，教师可以设计一系列问题串。这些问题应该由浅入深，从基础知识出发，逐步引导学生探究更深层次的问题。通过这种方式，学生可以系统地掌握信息科技知识，同时提高逻辑思维能力。

4. 鼓励自主探究与合作交流

在启发式教学中，教师应鼓励学生进行自主探究和合作交流。学生可以通过小组讨论、实验验证等方式，共同寻找问题的答案。这种教学方式不仅能锻炼学生的团队协作能力，还能让他们在探究过程中发现新的问题，从而培养他们的创新思维。

（二）案例教学：通过实例帮助学生理解抽象概念

1. 案例教学的优势

案例教学在信息科技教学中具有显著优势。通过具体的案例，教师可以帮助学生将抽象的概念和原理具体化，从而降低学习难度。案例教学还能让学生在实际操作中加深对知识点的理解，提高他们的应用能力。

2. 选择合适的案例

为了确保案例教学的效果，教师应选择具有代表性和启发性的案例。这些案例应紧密围绕教学内容，能够生动形象地展示信息科技知识的应用。同时，案例的难度要适中，既要能激发学生的学习兴趣，又要能让他们在分析案例的过程中有所收获。

3. 引导学生分析案例

在案例教学过程中，教师应引导学生对案例进行深入分析。学生可以通过小组讨论、角色扮演等方式，探讨案例中的问题，并提出解决方案。在分析案例的过程中，学生不仅能够加深对知识点的理解，还能培养他们的批判性思维和解决问题的能力。

4. 从案例中提炼经验教训

案例教学结束后，教师应引导学生总结案例中的经验教训。学生可以从案例中提炼出有价值的信息，为今后的学习和实践提供参考。通过这种方式，学生可以将所学知识内化为自己的能力，提高综合素质。

（三）任务驱动：以任务为驱动，促使学生动手实践

1. 任务驱动教学法的特点

任务驱动教学法是一种以任务为核心，通过完成任务来达成学习目标的教学方法。在信息科技教学中，任务驱动法能够促使学生积极动手实践，将理论

知识转化为实际操作能力。这种方法强调学生的主体性，鼓励他们在完成任务的过程中主动探索和学习。

2. 设计具有挑战性的任务

为了激发学生的学习兴趣和动力，教师应设计具有挑战性的任务。这些任务应紧密结合教学内容，既要有一定的难度，又要让学生通过努力可以完成。同时，任务的设计还要考虑到学生的个体差异，确保每个学生能在完成任务的过程中有所收获。

3. 鼓励学生动手实践

在任务驱动教学法中，动手实践是关键环节。教师应鼓励学生积极参与实践活动，通过完成任务来巩固和拓宽所学知识。在实践过程中，学生可以发现问题、分析问题并寻求解决方案，从而培养实践能力和创新能力。

4. 评估与反馈

任务驱动教学法的最后环节是评估与反馈。教师应根据学生的任务完成情况来评估他们的学习效果和水平，并给予及时的反馈和指导。通过评估与反馈，学生可以了解自己的优点和不足，为后续的学习提供有针对性的改进方向。同时，教师也可以根据学生的反馈调整教学方法和策略，以提高教学效果。

第三节　中小学信息科技教学后的总结

中小学信息科技教学是培养学生信息素养和科技创新能力的关键环节。在每一轮教学结束后，进行及时的教学总结至关重要，这不仅有助于提升教师的教学水平，更能为下一轮教学提供宝贵的经验和建议。

一、汇总学生的学习成果与表现

1. 学生学习成果的全面考查

在教学总结的过程中，教师首要任务是全面考查学生的学习成果。这涵盖了学生在课程学习期间所掌握的理论知识、技能操作以及学习态度等多个层面。

教师需细致地收集和整理学生的作业、测验和考试成绩，以此量化学生的学习效果。此外，教师还应关注学生的作品、项目和实验报告等，这些都能直观反映学生的实践能力和创新思维。

通过对学习成果的全面考查，教师能够准确把握每个学生的学习进度和成效，从而进行针对性的教学调整。同时，这也有助于教师发现学生的优点和不足，为进一步的教学辅导提供明确方向。

2. 学生课堂表现的深入分析

除了学习成果，学生的课堂表现也是教学总结中不可忽视的一部分。教师需要关注学生在课堂上的活跃度、参与度和专注度。例如，记录学生提问和回答问题的次数、小组讨论的参与情况，以及课堂活动的完成情况等。

深入分析学生的课堂表现，有助于教师判断教学方法是否得当，课堂氛围是否积极，以及学生是否能够跟上教学进度。此外，通过观察学生的课堂行为，教师还能及时发现学生的学习障碍和问题，为后续的辅导和干预提供依据。

3. 学生实践操作能力的评估

在信息科技课程中，学生的实践操作能力尤为重要。因此，在教学总结时，教师需要对学生的实践操作能力进行细致的评估。这包括学生在实验、项目制作、编程等实践活动中的表现。

通过评估学生的实践操作能力，教师可以了解学生的动手能力、问题解决能力以及团队协作能力。同时，这也有助于教师发现学生在实践操作中的薄弱环节，从而进行有针对性的指导和训练。

二、评价教学目标的达成情况

1. 知识点掌握情况的分析

在教学总结中，评价教学目标的达成情况首先要分析学生对知识点的掌握情况。教师需要对照教学大纲和课程目标，检查学生是否掌握了预期的知识点和概念。这可以通过作业、测验、考试以及课堂讨论等多种方式进行评估。

通过对学生知识点掌握情况的分析，教师可以了解教学效果，并发现学生在知识理解上的误区和盲点。这有助于教师及时调整教学策略，帮助学生更好地掌握核心概念和原理。

2. 技能应用能力的考查

除了知识点掌握情况，教师还需要考查学生的技能应用能力。在信息科技课程中，这主要涉及学生能否将所学知识应用于实际问题解决中，如编程、数据分析、硬件操作等。

通过对学生技能应用能力的考查，教师可以判断学生是否真正理解了知识的内涵，并能够将其转化为实际操作能力。这有助于教师发现学生在技能应用上的不足，并提供相应的指导和训练。

3. 学习效果的综合评价

综合评价学生的学习效果是教学总结的重要环节。教师需要结合学生的知识点掌握情况、技能应用能力以及学习态度等多个方面，对学生的学习效果进行全面、客观的评价。

通过综合评价，教师可以了解整体教学效果是否达到预期目标，以及哪些方面需要进一步加强和改进。这有助于教师为后续教学制订更加明确和有针对性的计划。

三、为下一轮教学提供改进建议

1. 调整教学进度的策略

根据教学总结中的发现，教师可能需要调整下一轮教学的教学进度。如果学生在某些知识点上掌握得较快，教师可以适当加快教学进度，引入更多高级内容或拓宽知识。相反，如果学生在某些部分存在困难，教师应放慢节奏，提供更多练习和巩固的机会。

2. 教学方法的优化建议

教学方法直接影响学生的学习兴趣和效果。基于教学总结，教师可以发现哪些教学方法受到学生的欢迎并产生了良好的教学效果，哪些方法可能需要改进或替换。例如，通过增加互动式学习、小组讨论、案例分析等多样化教学方法，提高学生的参与度和学习兴趣。

3. 教学内容的更新方向

随着科技的快速发展，信息科技领域的知识也在不断更新。教师需要关注行业动态，及时将最新的技术、理论和案例融入教学内容中。同时，根据学生的反馈和学习效果，教师可以调整教学内容的难度和深度，确保教学内容既符合学生的实际需求，又能反映行业发展的最新趋势。

4. 加强学生实践操作的措施

实践操作是信息科技教学的重要组成部分。基于教学总结，教师可以发现学生在实践操作中的问题和需求，从而制定更加有效的实践教学方案。例如，增加实验课程的比重、完善实验设备和环境、引入企业实习或项目式学习等方式，都可以帮助学生更好地将理论知识转化为实践操作能力。

第四节　中小学信息科技教学家校合作与社区资源利用

在中小学信息科技教学中，家校合作与社区资源的利用是两个不可忽视的方面。家校合作能够促进学校教育与家庭教育的有机结合，共同推动学生的全面发展；而社区资源的利用能够为学生提供更为广阔的学习平台和实践机会。

一、家校合作策略

（一）建立有效的家校沟通机制

1. 定期的家长会

在信息科技教学中，定期的家长会是建立家校沟通机制的重要环节。通过家长会，教师可以向家长详细介绍信息科技课程的教学计划、教学目标以及学生在校的学习情况。同时，家长也可以借此机会向教师了解孩子在校的具体表现，提出自己的疑问和建议。这样的沟通方式不仅有助于双方共同把握学生的学习状况，还能增进彼此之间的理解与信任，为后续的合作奠定坚实基础。

2. 家长信与网络平台的利用

除了面对面的家长会，教师还可以通过家长信的方式，定期向家长通报学生的学习进展和需要关注的问题。家长信可以包括学生的作业完成情况、课堂表现、学习建议等内容，让家长对学生的学习状况有一个全面的了解。此外，利用网络平台教师可以及时发布学生的学习成果、课堂活动照片或视频，让家长更加直观地感受到孩子在校的学习生活，同时也能增加家长的参与度，形成家校共育的良好氛围。

3. 双向沟通与个性化教育

有效的家校沟通机制应该是双向的，既要有教师向家长的信息传递，也要有家长向教师的反馈。家长可以向教师反映学生在家的学习情况、兴趣爱好以及遇到的困难等，这样有助于教师更全面地了解学生的个性和学习需求，从而制定更加贴合学生实际的个性化教育方案。通过双向沟通，家校双方可以共同为学生的成长提供更有针对性的支持和帮助。

（二）鼓励家长参与孩子的学习过程

1. 家长协助完成作业与项目

在信息科技教学中，教师可以布置一些需要家长协助完成的作业或项目。例如，让学生在家长的陪同下完成一个关于信息科技的小调查，或者一起动手制作一个简单的电子作品。这样的作业或项目设计不仅能够让家长更多地参与到孩子的学习中，还能够增强家长与孩子之间的互动与沟通。在共同完成任务的过程中，家长可以更加深入地了解孩子的学习状况，发现孩子的兴趣和潜力，从而更好地支持和帮助孩子。

2. 家长参与课堂活动

为了进一步鼓励家长参与孩子的学习过程，教师还可以邀请家长参与到课堂活动中来。例如，组织家长开放日活动，让家长亲身体验孩子在校的学习环境和学习内容；或者开展家长助教活动，让家长有机会在课堂上与孩子一起学习和探索。这样的活动不仅能够让家长更加直观地了解教师的教学方式和孩子的学习方式，还能够增进家长与教师之间的理解与信任，为家校合作创造更多可能性。

3. 共同创造学习环境

除了上述两种方式，教师还可以与家长共同创造一个良好的学习环境。例如，教师可以在课堂上引导学生养成良好的学习习惯和自主探究的能力；而家长可以在家里为孩子提供必要的学习资源和支持，如购买适合孩子阅读的书籍、提供实践操作的机会等。家校双方的共同努力和配合可以为孩子营造一个更加全面、良好的学习环境。

（三）共同关注孩子的成长与进步

1. 定期评价与反馈

在信息科技教学中，定期的评价与反馈是让家长及时了解孩子学习成果和进步情况的重要途径。教师可以通过课堂测试、作品展示等方式对学生的学习情况进行评价，并及时将评价结果反馈给家长。同时，家长也可以向教师反馈孩子在家中的学习表现和进步情况。这种定期的评价与反馈机制有助于家校双方共同把握学生的学习动态，及时调整教育策略和方法。

2. 制订学习目标与计划

为了更好地促进学生的全面发展，教师可以与家长一起制订详细的学习目标和学习计划。这些目标和计划应该既符合学生的实际情况又具有一定的挑战性，以激发学生的学习动力和创造力。在制订目标和计划的过程中，教师可以向家长提供专业的建议和指导，确保目标的科学性和可行性。同时，家长也可以根据自己的观察和了解为孩子提供个性化的学习支持。

3. 家校共同监督与激励

制订了学习目标和计划后，家校双方需要共同监督和激励学生按照计划进行学习。教师可以定期检查学生的学习进度和成果，并给予及时的反馈和指导；家长可以在家里督促孩子按时完成学习任务并关注孩子的学习状态。家校双方的共同努力和配合可以更加有效地促进学生的全面发展并实现共同关注孩子成长与进步的目标。

二、社区资源利用

（一）挖掘社区内的教育资源与专业人才

1. 社区教育资源的调查与整合

在社区资源利用的过程中，首先需要对社区内的教育资源进行全面的调查和整合。教师可以通过走访社区、与社区管理者交流、参与社区活动等方式，深入了解社区内各类教育资源，包括但不限于公共设施、专业人士、文化活动等。这些资源对于丰富中小学信息科技教学内容和方式具有重要意义。例如，社区图书馆可以提供丰富的阅读材料，博物馆或科技馆可以为学生提供实地参观和学习的机会。

2. 与社区专业人才建立合作关系

社区内往往隐藏着许多专业人才，他们在各自的领域有着深厚的专业知识和实践经验。教师可以通过多种方式与他们建立联系，并邀请他们参与到学校的教学活动中来。例如，可以邀请科技工作者为学生讲解最新的科技发展趋势，或者请艺术家指导学生进行数字艺术创作。这些专业人才的参与，不仅能够为学生提供更为专业的学习和指导机会，还能够激发学生的学习兴趣和热情。

3. 利用社区公共设施进行实践教学

社区内的公共设施如图书馆、博物馆等，不仅是知识的宝库，也是实践教学的绝佳场所。教师可以组织学生前往这些场所进行实地参观和学习，让学生在实际环境中感受和理解信息科技知识。这种教学方式不仅能够增强学生的理解和记忆，还能够培养学生的实践能力和创新精神。

（二）组织学生参与社区实践活动与志愿服务

1. 结合课程内容设计社区实践活动

在信息科技教学中，教师可以结合课程内容，设计相关的社区实践活动。例如，在学习环保知识时，可以组织学生参与社区的环保宣传活动；在学习科技知识时，可以安排学生参观社区的科技企业或科研机构。这些实践活动不仅能够让学生将所学知识应用到实际中去，还能够培养他们的社会责任感和团队合作精神。

2. 志愿服务活动的组织与参与

除了实践活动，教师还可以组织学生参加社区的志愿服务活动。这些活动可以包括为老年人提供技术支持、为社区居民进行信息科技知识普及等。通过参与志愿服务，学生不仅能够更加深入地了解社区和社会的需求，还能够培养公民意识和奉献精神。同时，志愿服务也是学生展示自己才能和锻炼自己能力的好机会。

3. 活动总结与反馈机制的建立

在组织学生参与社区实践活动与志愿服务后，教师需要建立有效的总结与反馈机制。通过让学生分享活动心得、撰写实践报告等方式，教师可以了解学生在活动中的表现和收获，从而针对性地给予指导和帮助。同时，总结与反馈机制还能够帮助学生认识不足、提升自我，为他们的全面发展提供有力支持。

（三）与社区合作开展科普教育与文化活动

1. 科普讲座与科技展览的策划与组织

与社区合作开展科普教育与文化活动是提升学生科学素养的重要途径之一。教师可以与社区合作，共同策划和组织科普讲座、科技展览等活动。这些活动可以邀请专家学者进行主题演讲，或者展示较新的科技成果和创新产品。通过参与这些活动，学生能够更加直观地了解科技的发展和应用，从而激发学习兴趣和创新精神。

2. 文化活动的融合与创新

除了科普教育，教师还可以与社区合作开展丰富多样的文化活动。例如，可以组织科技主题的文艺演出、科技创意比赛等。这些活动不仅能够丰富学生的课余生活，还能够培养他们的文化素养和审美情趣。同时，通过文化活动的融合与创新，教师还可以引导学生将科技知识与文化艺术相结合，创造出更多具有创意和价值的作品。

3. 学校与社区良性互动机制的构建

与社区合作开展科普教育与文化活动需要建立学校与社区之间的良性互动机制。教师可以通过定期的交流会议、合作项目等方式，与社区保持密切的联系和合作。同时，学校还可以为社区提供教育资源和支持，如开放学校设施供社区居民使用、为社区居民提供教育培训等。

第四章　中小学信息科技教学评价与改进

第一节　中小学信息科技教学评价的原则与方法

一、教学评价的基本原则

在中小学信息科技教学中，教学评价不仅是衡量学生学习效果的重要手段，也是促进教学质量提升的关键环节。为了确保评价的准确性和有效性，必须遵循以下基本原则。

（一）客观性原则

客观性原则是教学评价的基础，它要求评价过程必须基于客观事实，避免主观臆断和偏见。在信息科技教学中，这主要体现在以下几个方面。

（1）评价标准的明确性。评价标准应具体、清晰、可操作，能够准确反映学生的学习成果和能力水平。例如，对于编程技能的评价，可以设定具体的代码编写规范、程序运行效果等评价标准。

（2）评价过程的公正性。评价过程中应确保每位学生都能在相同或相似的条件下接受评价，避免因个别因素（如评价者的主观喜好、学生的家庭背景等）导致的评价不公。

（3）评价结果的客观性。评价结果应基于学生实际表现和数据，避免仅凭印象或感觉给出评价。同时，评价结果应具有可重复性和可验证性，以确保其客观性和准确性。

（二）全面性原则

全面性原则强调评价应覆盖学生的学习全过程和多方面能力，避免片面性和单一性。在信息科技教学中，这主要体现在以下几个方面。

（1）评价内容的全面性。评价内容应包括知识掌握程度、技能应用能力、创新思维能力、团队协作能力等多个方面，以全面反映学生的综合素质。

（2）评价方式的多样性。评价方式应灵活多样，包括试卷测试、项目实践、作品展示、口头报告等多种形式，以适应不同学生的学习特点和能力差异。

（3）评价主体的多元化。评价主体应包括教师、学生、同伴及家长等多方参与，以形成多角度、多层次的评价体系，提高评价的全面性和准确性。

（三）发展性原则

发展性原则强调评价应关注学生的成长和发展过程，注重对学生潜力的挖掘和能力的培养。在信息科技教学中，这主要体现在以下几个方面。

（1）评价目标的导向性。评价目标应与教学目标相一致，以促进学生信息技术能力和素养的全面发展为导向。评价过程应关注学生的学习过程和成长轨迹，鼓励学生不断挑战自我、超越自我。

（2）评价反馈的及时性。评价反馈应及时、具体、有针对性，能够帮助学生及时了解自己的学习情况和存在的问题，从而调整学习策略和方法，提高学习效果。

（3）评价结果的激励性。评价结果应具有一定的激励作用，能够激发学生的学习兴趣和动力，促使学生积极参与学习和探索。同时，评价结果也应成为学生自我反思和成长的重要依据。

二、常用的教学评价方法

在中小学信息科技教学中，常用的教学评价方法主要包括量化评价与质性评价、形成性评价与终结性评价以及自评、互评与他评等。

（一）量化评价与质性评价

量化评价：量化评价以数值形式对学生的学习成果进行量化描述和比较，具有逻辑性强、标准化程度高、易于操作等优点。在信息科技教学中，量化评价可以通过试卷测试、操作测试等方式进行，如通过编程题目的完成情况和得分来评价学生的编程能力。然而，量化评价也存在一些局限性，如容易忽略学生的个体差异和创新能力等。

质性评价：质性评价侧重于对学生学习过程和成果的描述和分析，强调对学生个体经验和主观感受的关注。在信息科技教学中，质性评价可以通过观察记录、访谈调查、作品分析等方式进行，如通过观察学生在项目实践中的表现来评价其团队协作能力和创新能力。质性评价能够更全面地反映学生的综合素质和能力水平，但也需要耗费较多的时间和精力。

（二）形成性评价与终结性评价

形成性评价：形成性评价是在教学过程中进行的评价，旨在及时了解学生的学习情况和问题，以便教师调整教学策略和方法，促进学生更好地学习。在信息科技教学中，形成性评价可以通过课堂提问、小组讨论、项目中期检查等方式进行。形成性评价有助于教师及时发现问题并采取措施解决，同时也有助于学生及时调整学习策略和方法，提高学习效果。

终结性评价：终结性评价是在教学结束后进行的评价，旨在对学生整个学习阶段的学习成果进行总结和评估。在信息科技教学中，终结性评价通常通过期末考试、项目展示等方式进行。终结性评价能够全面反映学生的学习成果和能力水平，但也存在一定的局限性，如可能忽略学生在学习过程中的进步和变化。

（三）自评、互评与他评

自评：自评是指学生对自己的学习成果进行自我评价的过程。在信息科技教学中，自评可以帮助学生更好地认识自己的优点和不足，从而调整学习策略和方法。同时，自评也有助于培养学生的自我反思和自我管理能力。然而，自评也存在一定的主观性和局限性，需要教师在指导过程中给予适当的引导和支持。

互评：互评是指学生之间相互评价的过程。在信息科技教学中，互评可以促进学生之间的交流和合作，增强学生的团队意识和协作能力。同时，互评也有助于学生从不同角度审视自己的学习成果和表现，从而更全面地认识自己。然而，互评也需要教师在组织过程中给予明确的指导和规范，以避免出现评价不公或评价偏差等问题。

他评：他评是指教师或其他评价者对学生的学习成果进行评价的过程。在信息科技教学中，他评可以提供更为客观和全面的评价结果，帮助学生更准确地了解学习情况和存在的问题。然而，他评也需要教师在评价过程中保持公正性和客观性，避免因个人偏见或主观因素导致的评价不公。

第二节　中小学信息科技学生学业评价

在中小学信息科技教育领域，学生学业评价是教学过程中的重要环节，它不仅是对学生学习成果的检验，更是促进学生学习动力、提升教学质量的关键手段。一个全面、科学的学业评价体系应当涵盖学生知识与技能的掌握、学习过程与方法的运用以及情感态度与价值观的培养等多个维度。

一、学业评价的内容

（一）知识与技能的掌握情况

信息科技学科的知识与技能是学生学业评价的基础内容。这包括学生对信息技术基础理论的理解、常用软件工具的操作技能、编程语言的掌握程度以及利用信息技术解决实际问题的能力等。

基础理论知识：评价学生对信息技术基本概念、原理、发展历程及未来趋势的掌握情况。这可以通过选择题、填空题等形式的书面测试来考查。

操作技能：针对各类软件工具（如办公软件、图像处理软件、编程环境等）的熟练程度进行评价。这可以通过实际操作演示、作品制作等方式来检验。

编程能力：对于高年级学生，编程能力是评价的重要方面。可通过编程题目、项目实践等方式，考查学生的逻辑思维、算法设计以及代码编写能力。

问题解决能力：评价学生运用信息技术解决实际问题的能力，如信息检索、数据处理、系统设计等。这可以通过案例分析、模拟项目等方式进行。

（二）学习过程与方法的运用

学习过程与方法的运用是学生学业评价的重要维度。它关注学生在学习过程中表现出的自主学习、合作学习、探究学习等能力，以及学生运用信息技术工具和方法进行学习的效率和质量。

自主学习能力：评价学生是否能够独立制订学习计划、选择学习资源、监控学习进度并调整学习策略。这可以通过学习日志、学习反思报告等方式来评估。

合作学习能力：考查学生在小组学习中的表现，包括协作能力、沟通能力、分工合作等。这可以通过小组项目评价、同伴互评等方式来实现。

探究学习能力：评价学生是否具备探究精神，能够主动提出问题、收集信息、分析数据并得出结论。这可以通过研究性学习项目、科学探究活动等来检验。

信息素养：关注学生信息获取、处理、评价和应用的能力，以及信息伦理道德意识的培养。这可以通过信息检索任务、信息评价案例分析等方式来评价。

（三）情感态度与价值观的培养

情感态度与价值观的培养是信息科技教育不可忽视的方面。它关乎学生对信息技术的态度、兴趣、责任感以及创新意识等。

学习兴趣与动力：评价学生对信息技术学科的兴趣程度和学习动力。这可以通过课堂参与度、课后自主学习时间等指标来衡量。

责任感与道德意识：考查学生在使用信息技术时是否具备社会责任感和信息伦理道德意识，如尊重知识产权、保护个人隐私等。这可以通过案例分析、角色扮演等方式来引导和教育。

创新意识与实践能力：评价学生是否具备创新思维和动手实践能力，能否运用信息技术进行创新性设计和制作。这可以通过创意作品展示、创新项目申报等方式来激励和肯定。

二、学业评价的方式

（一）书面测试与作业分析

书面测试与作业分析是传统且有效的学业评价方式，它们能够直观地反映学生对基础知识和技能的掌握情况。

书面测试：通过设计科学合理的试卷，包括选择题、填空题、简答题、编程题等多种题型，全面考查学生的知识掌握程度。测试结束后，教师应及时批改试卷，分析学生的答题情况，找出共性问题和个别差异，为后续教学提供反馈。

作业分析：作业是学生学习过程中的重要组成部分，也是教师了解学生学习情况的重要途径。教师应认真批改学生作业，关注作业完成的质量、速度和准确性，以及学生在作业中表现的学习态度和习惯。通过分析作业，教师可以及时发现学生的学习困难和问题，并给予针对性的指导和帮助。

（二）作品展示与项目评估

作品展示和项目评估是信息科技学科特有的评价方式，它们能够更全面地反映学生的综合素质和能力水平。

作品展示：鼓励学生创作具有创新性和实用性的信息科技作品，如网页设计、App 开发、动画制作等。通过作品展示会、线上展览等形式，让学生展示自己的学习成果和创意想法。教师和同学可以根据作品的创意性、技术难度、实现效果等方面进行评价和打分。

项目评估：组织学生进行信息科技项目实践，如编程项目、信息技术应用项目等。在项目实施过程中，教师应关注学生的项目规划、进度控制、团队协作等方面的情况。项目结束后，通过项目报告、答辩演示等方式对项目成果进行评估。项目评估不仅关注学生的技术实现能力，还注重考查学生的项目管理、沟通协调等综合素质。

（三）口头报告与答辩

口头报告与答辩是提升学生表达能力、思维能力和自信心的有效方式，也是信息科技学业评价的重要补充。

口头报告：鼓励学生就某个信息技术主题进行深入研究，并准备口头报告进行分享。口头报告可以锻炼学生的表达能力、信息整合能力和逻辑思维能力。教师和同学可以根据报告的清晰度、逻辑性、创新性等方面进行评价和反馈。

答辩：在作品展示或项目评估的基础上，组织学生进行答辩。学生需要对自己的作品或项目进行简要介绍，并回答教师和同学提出的问题。答辩过程可以考查学生的应变能力、知识掌握深度和广度以及表达能力等方面。通过答辩环节，学生可以更深入地理解自己的作品或项目，同时也能从他人的提问和建议中获得新的启发和收获。

第三节　中小学信息科技教学过程与效果的评价

在中小学信息科技教育领域，教学过程与效果的评价是确保教学质量、促进学生全面发展的重要手段。一个高效、科学的教学评价体系不仅能够反映教师的教学能力和专业素养，还能为教学改进提供有力依据。

一、教学过程的评价

（一）教学设计的合理性与创新性

1. 教学设计的合理性评价

教学设计的合理性是教学活动成功的基石。一个合理的教学设计必须基于课程标准和学生实际情况进行构建，确保教学目标明确，教学内容安排得当，以及教学环节有序且高效。评价教学设计的合理性时，我们首先要审视教学目标是否清晰、具体，并与课程标准紧密相连。教学目标不仅包括知识与技能的掌握，还应涉及情感态度与价值观的培养，以促进学生全面发展。

教学内容的选择和安排是评价教学设计合理性的重要方面。教学内容应体现知识的系统性和连贯性，既要确保学生掌握基础知识，又要引导他们深入思考和探索。同时，教学内容的难度应适中，既不过于简单导致学生缺乏挑战，也不过于复杂使学生感到挫败。

教学环节的科学设计同样至关重要。一个合理的教学设计应包含导入、讲授、练习、总结等必要环节，并确保这些环节之间的衔接自然流畅。导入环节要能激发学生的学习兴趣，为新知识的学习做好铺垫；讲授环节要重点突出，条理清晰；练习环节要具有针对性，帮助学生巩固所学知识；总结环节要引导学生回顾和反思，加深对知识的理解。

2. 教学设计的创新性评价

在评价教学设计的创新性时，我们关注的是教师是否能突破传统教学模式的限制，采用新颖的教学方法和手段来激发学生的学习兴趣和创造力。创新性的教学设计不仅要求教师具备前瞻性的教学理念，还需要他们勇于尝试和实践。

例如，项目式学习和探究式学习等先进教学理念的引入，就是教学设计创新性的体现。这些教学理念强调学生在实践中学习，通过解决实际问题来掌握知识与技能。这样的教学方式不仅能提高学生的实践能力，还能培养他们的创新思维和团队协作能力。

此外，利用现代信息技术手段也是提升教学设计创新性的有效途径。多媒体、网络等技术的应用，可以丰富教学资源，使教学内容更加生动有趣。同时，这些技术手段还能为学生提供个性化的学习路径，满足他们多样化的学习需求。

（二）教学方法的灵活性与有效性

1. 教学方法的灵活性评价

教学方法的灵活性是评价教师教学能力的重要标准之一。一个灵活的教学方法体系能够适应不同教学内容、学生特点和教学环境的需求，从而增强教学效果。在评价教学方法的灵活性时，我们首先要看教师是否能根据具体的教学内容选择合适的教学方法。例如，在理论性较强的课程中，教师可以采用讲授法、讨论法等，以帮助学生建立扎实的理论基础；而在实践性较强的课程中，应更多地运用演示法、实践法等，以提升学生的实际操作能力。

教师需充分考虑学生的个体差异和学习需求。对于基础较好的学生，教师可以采用启发式教学，引导他们进行深入思考和探索；对于基础较薄弱的学生，应注重基础知识的讲解和训练，帮助他们打好基础。

教学环境是影响教学方法选择的重要因素。在现代化的教学环境中，教师可以利用多媒体、网络等技术手段丰富教学方法，增强教学效果；而在传统的教学环境中，教师需更多地依赖板书、实物等教学资源进行教学。

2. 教学方法的有效性评价

有效性是评价教学方法优劣的核心指标。一个有效的教学方法应能帮助学生更好地理解和掌握知识，提高学习效率。在评价教学方法的有效性时，我们可以从以下几个方面入手：一是观察学生在课堂上的表现以及课后的反馈情况，了解他们对教学内容的掌握程度；二是通过作业、测试等方式检验学生的学习成果，以量化指标来评估教学方法的有效性。

为了提高教学方法的有效性，教师需要不断反思和调整自己的教学策略。例如，教师可以通过课堂观察、学生访谈等方式收集反馈信息，及时发现问题并改进教学方法；同时，教师还应关注教育领域的最新动态和研究成果，不断更新自己的教学理念和方法库。

二、教学效果的评价

（一）学生学习兴趣的激发与保持

1. 学生学习兴趣的激发

在信息科技教学中，学生学习兴趣的激发是至关重要的第一步。教师需通过精心设计的教学策略和方法来吸引学生的注意力，并点燃他们对知识探索的热情。例如，通过选取与学生日常生活紧密相连的信息科技应用实例，让学生感受到科技的实用性，从而引发他们的好奇心。此外，教师还可以设计富有挑战性和趣味性的教学活动，如编程小挑战、机器人竞赛等，让学生在参与中体验成功的喜悦，进而对信息科技产生浓厚的兴趣。

同时，教师还可以通过展示信息技术的最新发展和广泛应用，如人工智能、大数据等前沿科技，来激发学生对未知领域的探索欲望。这种展示不仅能够拓宽学生的视野，还能让他们意识到信息科技在当今社会的重要性，从而更加珍视和投入信息科技的学习。

2. 学生学习兴趣的保持

激发学生的学习兴趣只是第一步，如何保持他们的学习热情是一个更为长期且富有挑战性的任务。教师需要持续关注学生的学习状态，及时发现并解决他们在学习过程中遇到的问题。为此，教师可以通过定期的课堂互动、小组讨论等形式来了解学生的学习进展和困惑，以便及时调整教学策略，确保教学内容始终与学生的实际需求相匹配。

此外，教师还可以通过设立奖励机制、开展课外拓展活动等方式来激励学生持续保持对信息科技的学习兴趣。例如，可以为表现优秀的学生颁发证书或奖品，以资鼓励；还可以组织学生参加信息科技相关的社会实践活动或志愿服务，让他们在实践中感受信息科技的魅力，从而更加坚定学习信念。

（二）学生信息素养与能力的提升

1. 学生信息素养的培养

信息素养是现代社会公民必备的基本素质之一。在信息科技教学中，教师应注重培养学生的信息素养，使他们具备在信息化社会中生存和发展的能力。具体来说，教师需要教会学生如何高效地检索、筛选和整合信息，使他们能够在海量的信息中迅速找到所需的内容。同时，教师还需要培养学生的信息评价能力，使他们能够独立判断信息的真实性、可靠性和价值性，避免受到虚假信息的误导。

除了基本的信息处理能力，教师还应着重培养学生的创新思维和批判性思维，通过引导学生对信息技术进行深入研究和分析，激发他们的创新意识和探索精神。同时，教师还可以通过组织讨论、辩论等活动来锻炼学生的批判性思维能力，使他们在面对复杂多变的信息环境时能够保持清醒的头脑和独立的见解。

2. 学生能力的提升

学生能力的提升是信息素养培养的重要体现。在信息科技教学中，教师应通过丰富多样的教学手段来促进学生的全面发展。例如，教师可以通过实验教学、项目式学习等方式来提高学生的动手能力和解决问题的能力；通过小组合作学习、角色扮演等形式来培养学生的团队协作能力和沟通能力；通过引导学生参与课题研究、科技竞赛等活动来激发他们的创新能力和实践能力。

同时，教师还应关注学生的个性化发展需求，为他们提供量身定制的学习方案和指导建议。通过个性化的辅导和激励措施来帮助学生挖掘自身潜能、实现自我价值的同时，也为他们的未来发展奠定坚实的基础。

（三）教学目标的达成度与满意度

1. 教学目标的达成度

在信息科技教学中，教学目标的达成度是衡量教学效果的关键指标之一。

为了确保教学目标的顺利实现，教师需要制定明确、具体且可操作性强的教学目标，并在教学过程中紧紧围绕这些目标展开教学活动。同时，教师还应关注学生的学习进展和反馈情况，及时调整教学策略和方法以确保教学目标的顺利达成。

在评价教学目标的达成度时，教师可以通过多种方式收集学生的学习成果和表现数据来进行客观分析。例如，可以通过课堂测试、作业检查、项目评估等方式来了解学生对知识点的掌握情况和应用能力；通过观察学生的课堂表现、参与度等指标来评估他们的学习态度和学习效果。这些数据不仅可以为教师提供宝贵的教学反馈信息，还能帮助他们更准确地评估教学目标的达成情况。

2. 师生对教学效果的满意度

师生对教学效果的满意度是评价教学质量的重要依据之一。为了提高师生的满意度，教师需要充分了解他们的需求和期望，并据此制订合理的教学计划和实施方案。在教学过程中，教师应积极与学生沟通交流、关注他们的学习体验和感受，并及时解决他们在学习过程中遇到的问题和困难。

同时，学校和教育部门也应建立完善的教学质量监控体系和反馈机制来确保教学质量的持续改进和提高。通过定期的教学质量评估、学生满意度调查等活动来收集师生的意见和建议，以便及时发现问题并采取有效措施进行改进。这些措施不仅有助于提高师生的满意度和归属感，还能为学校的长远发展奠定坚实的基础。

第四节　中小学信息科技教学评价的挑战与对策

在中小学信息科技教育领域，教学评价不仅是衡量教学质量和学生学习成效的重要手段，也是推动教学改革和创新的关键驱动力。然而，随着信息技术的快速发展和教育理念的不断更新，信息科技教学评价面临着诸多挑战。

一、面临的挑战

（一）评价标准的主观性与客观性矛盾

在信息科技教学评价中，评价标准的主观性与客观性之间的矛盾是一个长期存在的问题。主观性评价往往依赖于评价者的个人经验、观点和偏好，容易导致评价结果的不一致性和偏见；而客观性评价强调量化指标和标准化测试，虽然能够减少主观因素的影响，但也可能忽略学生的个体差异和创新能力。

这种矛盾在信息科技教学中尤为突出。由于信息技术的多样性和复杂性，很难用单一的量化指标来全面评价学生的学习成效。同时，信息科技教学注重培养学生的创新思维和实践能力，这些能力往往难以通过传统的标准化测试来准确衡量。

（二）评价内容的复杂性与多样性

信息科技教学涉及的知识面广、技能点多，评价内容具有复杂性和多样性。从基础知识到高级技能，从理论理解到实践操作，都需要进行全面而深入的评价。此外，信息科技教学还强调跨学科整合和项目式学习，这进一步增加了评价内容的复杂性和多样性。

面对如此复杂多样的评价内容，如何制定科学合理的评价标准、选择恰当的评价方法和工具成了一个难题。传统的纸笔测试和单一的评价方式已经难以满足信息科技教学的需求，需要探索更加多元化、综合性的评价方式。

（三）评价结果的反馈与利用问题

评价结果的反馈与利用是教学评价的重要环节。然而，在实际教学中，评价结果的反馈往往不够及时、不够具体，难以有效指导学生的学习和教师的教学。同时，评价结果的利用也存在一定的问题，如过分关注分数和排名，忽视了学生的个体差异和成长过程；评价结果未能与教学目标紧密结合，未能为教学改进提供有力支持。

这些问题不仅影响了教学评价的有效性，也制约了信息科技教学质量的提升。因此，如何加强评价结果的反馈与指导功能，使评价结果真正成为促进学生学习和教师教学改进的有力工具，是信息科技教学评价面临的重要挑战。

二、应对策略

（一）建立科学、全面的评价体系

1. 多元化评价指标的设定

在信息科技教学评价中，为了确保评价的全面性和科学性，必须设置多元化的评价指标。这些指标不仅应包括传统的知识技能掌握情况，还应涉及学生的创新能力、问题解决能力、团队协作能力等多个方面。通过多元化的评价指标，可以更全面地反映学生的综合素质和能力水平，避免单一评价标准带来的片面性。

同时，评价指标的设定还应考虑学生的个性化发展。每个学生都有其独特的学习方式和兴趣点，因此，评价体系应能够灵活调整，以适应不同学生的特点。这样，评价不仅能更准确地反映学生的学习情况，还能激发学生的学习兴趣和积极性。

2. 多样化评价方法的采用

除了设置多元化的评价指标，还应采用多样化的评价方法。传统的笔试、机试等量化评价方式虽然具有一定的客观性，但难以全面反映学生的学习过程和情感态度。因此，需要引入更多质性的评价方法，如观察记录、作品展示、项目评价等。

观察记录可以捕捉学生在学习过程中的真实表现，反映他们的学习态度、合作精神和创新思维。作品展示能让学生充分展示自己的学习成果，培养他们的自信心和表达能力。项目评价能让学生在解决实际问题的过程中，锻炼他们的实践能力和团队协作精神。

通过多样化的评价方法，可以更全面、客观地评价学生的学习成效，同时也能促进学生的全面发展。

（二）提高评价者的专业素养与技能

1. 专业知识培训的重要性

提高评价者的专业素养与技能，首先要加强对他们的专业知识培训。信息科技教学涉及的知识点广泛且更新迅速，评价者必须具备扎实的专业基础，才能准确评价学生的学习成果。因此，应定期组织专业知识培训，使评价者深入了解信息科技教学的最新动态和前沿技术，掌握相关的教学理论和评价方法。

同时，培训过程中还应注重理论与实践的结合。通过案例分析、模拟评价等方式，让评价者在实践中学习和运用所学知识，提高他们的评价能力和实际操作水平。

2. 实践指导与经验分享

除了专业知识培训，还应加强对评价者的实践指导。在实际工作中，评价者可能会遇到各种复杂情况，需要具备一定的应变能力和处理问题的技巧。因此，应邀请经验丰富的专家或教师进行现场指导，帮助评价者解决实际工作中遇到的问题，提高他们的实践能力。

同时，还应建立评价者之间的交流与合作机制，促进经验分享和相互学习。可以定期举办评价经验交流会或研讨会，让评价者分享自己的成功案例和心得体会，共同探讨评价过程中遇到的问题和解决方案。这样不仅能提高评价者的专业水平，还能增强他们的团队协作精神和创新意识。

（三）加强评价结果的反馈与指导功能

1. 及时反馈与明确指导

为了充分发挥评价结果的反馈与指导功能，评价者应及时将评价结果反馈给学生和教师。反馈内容应具体、明确，不仅要指出学生的优点和不足，还要提供针对性的改进建议和指导方案。这样，学生和教师才能根据反馈结果及时调整学习策略或教学方法，提高学习效果和教学质量。

同时，反馈过程中还应注重与学生的沟通交流。评价者可以与学生面对面交流或通过网络平台进行互动，解答学生的疑问和困惑，帮助他们更好地理解评价结果和改进方向。

2. 个性化指导与因材施教

针对学生的个体差异和学习需求，评价者应提供个性化的指导和建议。通过深入分析评价结果，评价者可以了解每个学生的学习特点、兴趣点和潜在能力，从而为他们量身定制合适的学习计划和发展路径。这样不仅能激发学生的学习兴趣和积极性，还能帮助他们更好地发挥自己的优势和特长。

为了实现个性化指导，评价者需要与学生建立密切的沟通关系，了解他们的真实想法和需求。同时，评价者还应具备丰富的教育资源和教学策略，以便为学生提供多样化的学习选择和支持服务。

3. 教学改进与质量提升

评价结果不仅是学生学习成效的反映，也是教师教学效果的晴雨表。因此，教师应认真分析评价结果中的问题和不足，反思自己的教学方法和手段是否得当。针对存在的问题，教师应及时调整教学策略和方案，以增强教学效果，提高教学质量。

同时，学校和教育部门也应加强对教师教学质量的监控和评估。通过定期的教学质量检查和评估活动，及时发现并纠正教学中存在的问题和不足。对于表现优秀的教师应给予表彰和奖励，以激励他们继续努力提升教学质量水平。

第五节　基于评价的中小学信息科技教学改进实践

在信息科技教育日益受到重视的今天，教学评价不仅是衡量学生学习成效的标尺，更是推动教学改进与创新的重要驱动力。通过科学、全面的教学评价，教师可以深入了解学生的学习状况，发现教学中的问题与不足，进而调整教学策略，优化教学方法，最终实现教学质量的持续提升。

一、根据评价结果调整教学策略

（一）针对学生的薄弱环节进行重点突破

1. 精准识别薄弱环节

在信息科技教学中，通过教学评价，教师能够精准地识别出学生在学习过程中的薄弱环节。这些薄弱环节可能表现为对某一概念的理解不足、某项技能的运用不熟练，或是在解决特定问题时存在的思维障碍。为了有效地进行重点突破，教师首先需要对学生的学习数据进行深入分析，找出普遍性和个体性的问题所在。

例如，通过对学生作业、测验和课堂表现的综合分析，教师可能会发现学生在数据库查询语言的掌握上存在明显不足。这时，教师就可以将数据库查询语言作为一个重点突破的方向，设计针对性的教学方案。

2. 设计针对性教学方案

在识别出薄弱环节后，教师需要设计具有针对性的教学方案。这包括选择适当的教学方法、编制辅助教学材料、设置专项练习和作业等。以数据库查询语言的教学为例，教师可以采用案例教学法，通过具体的数据库操作实例来帮助学生理解和掌握查询语句的编写方法。同时，教师还可以编制一些包含常见查询场景的练习题，让学生在实践中巩固和提高。

此外，教师还可以利用在线教学平台或学习管理系统，为学生提供个性化的学习资源和学习路径。这样，学生就可以根据自己的学习进度和需求，自主选择学习内容和难度，从而更好地弥补自己的薄弱环节。

3. 实施差异化教学

针对学生的薄弱环节进行重点突破时，教师还需要考虑学生的个体差异。不同学生的学习风格和学习能力各不相同，因此，教师在实施教学方案时应注重差异化教学。对于基础较薄弱的学生，教师可以提供更多的基础知识和技能训练；对于基础较好的学生，教师可以引导他们进行深入探究和拓宽学习。

为了实现差异化教学，教师可以通过小组合作、角色扮演、个性化作业等方式来激发学生的学习兴趣和积极性。同时，教师还可以定期与学生进行个别交流，了解他们的学习需求和困难，为他们提供个性化的指导和帮助。

（二）优化教学方法，提高教学效率

1. 引入创新教学理念

在信息科技教学中，传统的教学方法往往注重知识的灌输而忽视了学生的主体性和实践性。为了优化教学方法、提高教学效率，教师需要引入创新的教学理念，如项目式学习、翻转课堂、协作学习等。这些教学理念强调学生的主动参与和实践操作，有助于激发学生的学习兴趣和创造力。

例如，通过实施项目式学习，教师可以让学生围绕一个真实的项目任务展开学习。在项目实施过程中，学生需要综合运用所学知识解决实际问题，从而培养他们的实践能力和团队协作精神。同时，项目式学习还能让学生在学习过程中获得成就感和满足感，进一步提高他们的学习积极性。

2. 灵活调整教学节奏和难度

根据学生的实际学习情况和评价结果,教师需要灵活调整教学节奏和难度。对于学生掌握较好的内容，教师可以适当加快教学进度或增加教学难度，以满足学生的求知欲和挑战欲。对于学生掌握较差的内容，教师应放慢教学节奏或降低教学难度，确保学生能够跟上教学进度并扎实掌握所学知识。

为了实现灵活调整教学节奏和难度，教师需要密切关注学生的学习动态和反馈意见。通过课堂观察、作业分析以及与学生沟通交流等方式，教师能够及时了解学生的学习需求和困难，从而做出相应的教学调整。

3. 利用现代教学技术提高教学效率

随着信息技术的不断发展，越来越多的现代教学技术被应用到教育领域。在信息科技教学中，教师可以利用多媒体课件、网络教学平台、虚拟现实技术等现代教学手段来提高教学效率。这些技术手段能够将抽象的知识形象化、生动化地呈现出来，帮助学生更好地理解和掌握所学知识。同时，利用现代教学技术还能实现教学资源的共享和优化配置，进一步提高教学效率和质量。

（三）关注学生的个体差异，实施分层教学

1. 个体差异的诊断与评估

实施分层教学的首要步骤是对学生的个体差异进行准确诊断与评估。在信息科技课程中，学生的差异可能体现在知识基础、学习速度、兴趣爱好、解决问题的能力等多个方面。教师可以通过课前测试、问卷调查、一对一访谈等方式，全面了解学生的学习背景和学习需求。这些数据将为后续的分层提供重要依据。

2. 合理分层与分组

根据学生的个体差异，教师需要将学生合理分层，并在此基础上进行分组。分层时，可以综合考虑学生的学业水平、学习潜力和学习态度等因素。分组时，可以采用同质分组或异质分组的方式,根据具体的教学目标和活动内容来确定。

同质分组即将水平相近的学生分在同一组，这有助于教师针对不同层次的学生制定和实施相应的教学策略。异质分组是将不同水平的学生混合在一起，以促进他们之间的相互学习和合作。

3. 制订并执行差异化教学计划

在分层教学的实施过程中，教师应为每个层次的学生制订差异化的教学计划。这包括教学目标、教学内容、教学方法和评价标准的差异化。例如，对于基础较好的学生，教师可以设置更高的教学目标，提供更丰富的学习资源和更具挑战性的学习任务；对于基础较薄弱的学生，教师应注重基础知识的巩固和基本技能的训练，同时给予更多的指导和帮助。

在执行差异化教学计划时，教师还应注重学生的动态变化和发展趋势。通过定期的评价和反馈机制，及时了解学生的学习进展和问题所在，以便根据实际情况调整教学策略和计划。此外，教师还可以鼓励学生之间的互助学习，让他们在相互交流和合作中共同提高。

二、基于评价的教学反思与再设计

（一）反思教学过程中的问题与不足

1. 反思的重要性与方法

教学反思是教师提升教学质量的关键环节，它不仅能够帮助教师发现自身在教学过程中的问题，还能够促进教师不断更新教育观念，提高教学能力。在进行教学反思时，教师可以采用多种方法，如回顾教学录像、分析学生的作业和测试成绩、收集学生的反馈意见等，以便全面了解教学效果。

2. 教学目标与达成度的反思

在反思过程中，教师首先要审视教学目标是否明确、具体，并且具有可达成性。一个清晰的教学目标能够指导教师的教学行为，使学生能够明确学习方向。如果教学目标设定得过于笼统或难以实现，就会导致教学效果不佳。

3. 教学内容与课程标准符合度的反思

教学内容是教学过程中的核心要素，它直接关系学生的学习效果和兴趣。在反思时，教师需要检查教学内容是否贴近学生的生活实际，是否符合课程标准的要求。如果教学内容过于陈旧或与学生需求脱节，就会降低学生的学习兴趣和积极性。

4. 教学方法与启发性的反思

教学方法的灵活多样和富有启发性是提高教学效果的关键。在反思过程中，教师需要评估自己使用的教学方法是否能够激发学生的学习兴趣，是否能够引导学生进行深入思考。如果教学方法单一、刻板，就会导致学生产生厌学情绪。

5. 教学评价与导向性的反思

教学评价是检验教学效果的重要手段。在反思时，教师需要关注教学评价是否科学全面，是否具有导向性。科学全面的教学评价能够真实反映学生的学习情况，为教师提供改进教学的依据。同时，教学评价还应具有导向性，能够引导学生明确学习方向，发现自己的不足之处。

（二）根据评价结果重新设计教学方案

1. 调整教学目标与教学重点

根据评价结果，教师需要重新审视教学目标和教学重点。如果发现学生在某些方面掌握得不够牢固，就需要增加相关内容的课时，以确保学生能够全面掌握所学知识。同时，教师还需要根据学生的实际需求和兴趣点调整教学内容，以提高学生的学习兴趣和积极性。

2. 创新与多样化教学方法的探索

为了激发学生的学习兴趣和积极性，教师需要不断探索新的教学方法和手段。例如，在信息科技教学中，可以采用项目式学习、情境教学等创新教学模式，让学生在实践中学习和掌握知识。同时，教师还可以利用多媒体和网络资源等现代信息技术手段丰富教学资源，提高教学效果。

3. 整合与利用教学资源的重要性

充分利用教学资源是增强教学效果的关键。教师需要注重教学资源的整合和利用，包括教材、教具、多媒体资源等。通过整合这些资源，教师可以为学生创造更加丰富多样的学习环境，增强学生的学习效果。同时，教师还需要注重与其他学科教师的合作与交流，共同推动信息科技教育的发展和创新。

（三）持续改进，提升教学质量与效果

1. 加强学习与交流的重要性

为了持续提升教学质量，增强教学效果，教师需要不断加强学习和交流。

通过参加各种教学研讨会、培训班等活动，教师可以了解最新的教育理念和教学方法，提高自身的专业素养和教学能力。同时，与同行教师进行交流和分享也可以帮助教师拓宽视野、汲取经验，共同提高教学水平。

2. 实践与创新在教学中的应用

实践与创新是提升教学质量的重要途径。教师需要将所学知识和方法应用到实际教学中去，不断探索适合本校学生特点的教学方法和手段。通过实践和创新，教师可以发现更多有效的教学策略，增强教学效果并提高学生的学习成绩。

3. 关注学生反馈与意见的价值

学生的反馈与意见是改进教学的重要依据。教师需要及时收集和分析学生的反馈意见，了解学生的学习需求和问题所在，并根据实际情况调整教学策略和方法。通过关注学生的反馈和意见，教师可以更好地满足学生的学习需求，提高教学质量和学生的学习满意度。

4. 建立科学评价机制的必要性

科学的评价机制是确保教学质量的关键环节。教师需要建立定期的评价和反馈机制，及时了解学生的学习进展和问题所在，并根据评价结果调整教学策略和方法。通过科学的评价机制，教师可以确保教学目标的顺利实现，提高教学质量，增强教学效果。同时，科学的评价机制还可以帮助教师发现自身在教学过程中的问题和不足之处，为后续的教学改进提供有力的依据和支撑。

第五章 中小学信息科技教师专业发展

第一节 中小学信息科技教师专业素养的提升

随着信息技术的迅猛发展，中小学信息科技教师专业素养的提升显得尤为重要。他们不仅需要具备扎实的专业知识，还需不断提高教育教学能力，以适应教育需求。

一、专业知识更新与深化

（一）持续关注信息科技领域的最新发展

1. 跟进新技术与新知识的重要性

在信息科技领域，技术和知识的更新速度极快。作为信息科技教师，我们必须认识到跟进新技术、新知识的重要性。这不仅是保持自身专业竞争力的需要，更是为学生提供最新、最实用的知识与技能的必要条件。通过持续关注信息科技领域的最新发展，我们能够及时了解行业趋势，为学生提供更具前瞻性的教育。

2. 多渠道获取行业资讯

为了有效跟进信息科技领域的最新发展，我们应通过多种渠道获取行业资讯。阅读专业期刊和权威报告可以帮助我们深入了解行业动态和技术进展。参加学术会议和研讨会能够让我们直接与行业专家和学者交流，获取第一手资料。同时，利用网络平台和社交媒体关注行业资讯，也是一种便捷且高效的方式。

3. 将新技术融入课堂教学

了解新技术、新知识并不仅仅是为了满足个人的好奇心或求知欲，更重要的是将这些内容融入课堂教学。作为教师，我们应该尝试将最新的技术趋势和发展热点引入课堂，让学生在实践中感受科技的魅力。这不仅能够激发学生的学习兴趣，还能够培养他们的创新思维和实践能力。

4. 建立个人学习网络与互动交流

为了更好地跟进信息科技领域的最新发展，我们还可以建立个人学习网络，与同行进行交流和分享。通过加入专业社群、参与在线讨论或组织线下交流活动，我们可以共同探讨信息科技领域的新问题、新挑战。这种互动式学习不仅能够帮助我们拓宽视野、更新观念，还能够促进教师之间的合作与共同进步。

（二）掌握新的教学方法和教育技术

1. 学习并实践创新教学模式

随着教育信息化的不断推进，传统的教学方法已经难以满足现代学生的需求。因此，我们需要积极学习并实践创新的教学模式，如项目式学习、翻转课堂等。这些教学模式强调学生的主体性和实践性，有助于提高学生的学习兴趣和自主学习能力。通过实施这些创新教学模式，我们可以为学生提供更加生动、有趣且富有挑战性的学习环境。

2. 熟练掌握教育技术应用

除了创新教学模式，我们还应熟练掌握各种教育技术应用。多媒体教学、网络教学等工具不仅可以丰富我们的教学手段，还能够提高教学效果和学生的学习体验。例如，利用多媒体课件可以直观地展示抽象的概念和原理；通过网络教学平台可以实现远程授课、在线互动等功能。这些教育技术的应用将使我们的教学更加高效、便捷且富有互动性。

3. 注重理论与实践的结合

在掌握新教学方法和教育技术的过程中，我们需要注重理论与实践的结合。理论是指导实践的基础，而实践是检验理论的有效途径。因此，我们应该在学习过程中不断尝试将理论知识应用于实际教学中，通过反思和总结不断完善自己的教学方法和策略。同时，我们还可以参加教育培训、观摩优秀教师的教学实践等活动，以提升自己的教学技能和教育技术应用能力。

（三）深化对信息科技课程标准的理解

1. 深入研读课程标准

信息科技课程标准是指导我们进行教学的重要依据。为了深化对课程标准的理解，我们首先需要深入研读课程标准文本，准确把握其中的课程目标和要求。通过仔细分析课程标准中的各个部分，我们可以更好地了解课程的结构、内容和实施建议等方面的信息，从而为后续的教学设计提供有力的支持。

2. 准确把握教学要求

在深入研读课程标准的基础上，我们需要准确把握其中的教学要求。这包括了解各个学段的教学目标和内容标准、明确学生应该掌握的知识与技能以及培养的情感态度与价值观等方面的要求。只有准确把握了这些教学要求，我们才能有针对性地设计教学内容和教学方法，确保教学的有效性和针对性。

3. 及时关注课程标准的动态调整

随着时代的变迁和技术的进步，信息科技课程标准也会进行相应的调整和优化。因此，我们需要及时关注课程标准的动态变化，了解新的教学要求和内容调整情况。通过及时跟进课程标准的最新发展，我们可以确保自己的教学与时代需求保持同步，为学生提供更加符合现实需求的教育服务。同时，这也有助于我们不断更新自己的教育观念和教学策略，以适应教育挑战和需求。

4. 不断提高对课程标准的把握能力和应用水平

为了深化对课程标准的理解并提高对其的把握能力和应用水平，我们可以采取多种措施。例如，参加课程标准解读培训活动、与同行交流研讨课程标准实施经验以及反思自己的教学实践等方式都是有效的途径。通过这些活动，我们可以不断加深对课程标准的认识和理解，提高自己的教学实施能力。同时，我们还可以将课程标准与自己的教学实践相结合，不断探索和创新教学方法和手段，以更好地满足学生的学习需求和发展目标。

二、教育教学能力提升

（一）提高课堂教学设计与实施能力

1. 精确设定教学目标

教学目标的设定是课堂教学设计的起点，它决定了教学活动的方向和预期结果。为了提高课堂教学设计与实施能力，教师必须首先学会如何精确设定教学目标。这需要教师深入理解课程标准，明确学生应该掌握的知识与技能，以及应该培养的情感态度与价值观。同时，教师还需要根据学生的实际情况和认知水平，制定具体、可测量的教学目标，以便在教学过程中进行有针对性的指导和评价。

例如，在信息科技课程中，教师可以设定"学生能够熟练使用某种软件工具进行数据处理"这样的具体目标，而不仅仅是笼统地提出"提高学生的信息素养"。

2. 精选与重组教学内容

教学内容的选择直接关系课堂教学的质量和效果。教师需要根据教学目标和学生的实际需求，精选与重组教学内容。这意味着教师不仅要熟悉教材内容，还要关注学科前沿动态，及时将新知识、新技术融入教学中。同时，教师还需要根据学生的兴趣和特点，对教学内容进行适当的调整和优化，以提高教学的针对性和实效性。

在信息科技领域，技术更新换代速度很快，教师需要不断关注行业动态，及时更新教学内容，确保学生学到的是最新、最实用的知识与技能。

3. 灵活运用多种教学方法

教学方法的运用是影响教学效果的关键因素之一。为了提高课堂教学设计与实施能力，教师需要学会灵活运用多种教学方法。这包括但不限于讲授法、讨论法、案例分析法、项目式学习等。通过运用不同的教学方法，教师可以激发学生的学习兴趣和积极性，提高课堂教学的互动性和参与度。

例如，在信息科技课程中，教师可以采用项目式学习的方式，让学生围绕某个实际问题或项目展开学习和实践，这样不仅可以培养学生的问题解决能力，还能增强学生的学习成就感。

（二）提高学生学习指导与辅导能力

1. 深入了解学生的学习需求

为了提供有针对性的学习指导和辅导，教师首先需要深入了解学生的学习需求。这包括学生的学习风格、兴趣爱好、学习困难等方面。教师可以通过观察学生的学习表现、与学生进行沟通交流、分析学生的学习作业等方式，来获取这些信息。只有了解了学生的学习需求，教师才能制订个性化的辅导计划，帮助学生解决学习问题。

2. 提供个性化的学习建议

每个学生的学习情况和问题都是独一无二的，因此教师需要提供个性化的学习建议。这要求教师根据学生的实际情况，制订针对性的学习计划和方法，帮助学生找到适合自己的学习路径。同时，教师还需要关注学生的学习进展，及时调整学习建议，以确保学生的学习效果。

在信息科技课程中，有些学生可能在编程方面遇到困难，教师可以针对这部分学生提供额外的编程练习和指导，帮助他们克服困难，提高编程能力。

3. 培养学生的自主学习能力

自主学习能力是学生终身发展的重要基础。教师需要注重培养学生的自主学习能力，让学生学会如何独立地获取知识、解决问题。教师可以通过设置开放性问题、引导学生进行探究性学习、鼓励学生进行自主学习等方式，来培养学生的自主学习能力。

（三）培养创新教育与跨学科整合能力

1. 融入创新教育理念

创新教育是当前教育改革的热点之一，它强调培养学生的创新意识和实践能力。为了培养创新教育与跨学科整合能力，教师首先需要融入创新教育理念。这意味着教师需要关注学生的创新思维和创造能力的培养，鼓励学生进行探索性学习和实践性活动。同时，教师还需要注重培养学生的批判性思维和问题解决能力，让学生具备独立思考和解决问题的能力。

在信息科技课程中，教师可以通过设计创新性的教学任务和项目，引导学生运用所学知识解决实际问题，从而培养学生的创新意识和实践能力。

2. 探索跨学科整合的教学模式

跨学科整合是当前教育发展的趋势之一。教师需要关注不同学科之间的联系和融合，探索跨学科整合的教学模式。通过跨学科整合，教师可以帮助学生建立全面的知识体系，提高学生的综合素养和解决问题的能力。同时，跨学科整合还可以激发学生的学习兴趣和积极性，提高教学效果和质量。

例如，在信息科技课程中，教师可以尝试将编程与数学、物理等学科进行整合，设计综合性的教学任务和项目，让学生在解决实际问题的过程中综合运用所学知识。

3. 不断拓宽教育视野和教学思路

为了培养创新教育与跨学科整合能力，教师需要不断拓宽自己的教育视野和教学思路。教师可以通过参加教育研讨会、观摩优秀教学案例、与同行交流合作等方式，了解最新的教育理念和教学方法。同时，教师还需要注重自我反思和总结，不断改进自己的教学方法和手段，以适应教育需求。

在信息科技领域，教师需要不断关注技术发展和行业动态，及时将新知识、新技术融入教学中。同时，教师还需要关注学生的需求和特点，制订个性化的教学计划和方法，以提高教学效果和质量。通过不断拓宽教育视野和教学思路，教师可以更好地培养学生的创新意识和实践能力，促进学生的全面发展。

第二节　中小学信息科技教师教学研究与学术交流

随着信息技术的快速发展，中小学信息科技教师在教育教学中扮演着越来越重要的角色。为了更好地适应这一形势，信息科技教师需要不断进行教学研究，并积极参与学术交流，以提升自身的教学水平和专业素养。

一、教学研究活动

（一）参与课题研究，探索教学规律

参与课题研究是中小学信息科技教师进行教学研究的重要途径。通过课题研究，教师可以深入探讨教育教学中的实际问题，探索教学规律，提升教学质量。在选择课题时，教师应结合自身的教学实践和学科特点，关注当前教育教学的热点和难点问题，如信息科技课程与教学改革、学生信息素养培养等。在研究过程中，教师应注重数据的收集和分析，运用科学的研究方法，确保研究的科学性和有效性。

通过参与课题研究，教师不仅可以提升自身的科研能力，还可以为教育教学改革提供有益的参考。同时，课题研究也是教师职业发展的重要支撑，有助于教师在学术领域内建立自己的声誉和影响力。

（二）分析教学案例，提炼教学经验

分析教学案例是提升教师教学能力的一种有效方法。信息科技教师可以通过收集、整理和分析优秀的教学案例，提炼出成功的教学经验和策略。这些案例可以来自自身的教学实践，也可以来自其他教师的成功案例。在分析案例时，教师应关注教学目标、教学内容、教学方法、教学评价等方面，深入剖析案例中的优点和不足，以便在自己的教学中加以借鉴和改进。

通过教学案例的分析，教师可以更加清晰地认识到教学的本质和规律，提高自己的教学设计和实施能力。同时，教学案例的分享和交流也有助于形成良好的教师学习共同体，促进教师之间的互助与成长。

（三）反思教学实践，优化教学策略

反思教学实践是教师专业成长的关键环节。信息科技教师在完成教学任务后，应对自己的教学过程进行反思和总结，分析教学中的成功与不足，思考如何优化教学策略，提高教学效果。反思的内容可以包括教学目标的达成情况、学生的学习情况、教学方法的有效性等。

通过反思教学实践，教师可以及时发现并纠正自己在教学中的偏差和误区，不断完善自己的教学理念和方法。同时，反思还有助于教师形成自我监控和自我调整的能力，使教学更加符合学生的实际需求和发展规律。

二、学术交流平台

（一）参加学术会议，分享教学心得

参加学术会议是中小学信息科技教师进行学术交流的重要途径。通过参加学术会议，教师可以了解最新的教育教学理念和研究成果，拓宽自己的学术视野。同时，教师还可以在会议上分享自己的教学心得和经验，与同行进行深入的交流和探讨。

在参加学术会议时，教师应积极准备并展示自己的研究成果和教学经验，接受同行的质疑和建议。这不仅有助于提升自身的学术水平，还能够为教育教学改革贡献自己的智慧和力量。

（二）加入教师社群，交流教育观点

随着信息技术的发展，越来越多的教师社群成为教师交流的重要平台。信息科技教师可以加入相关的教师社群，与来自全国各地的同行进行在线交流和分享。在社群中，教师可以发布自己的教学心得、教育观点以及遇到的问题和困惑，寻求同行的帮助和建议。

通过教师社群的交流，教师可以及时了解最新的教育动态和教学理念，学习他人的成功经验和教学策略。同时，社群交流还有助于教师形成良好的团队合作精神和互助氛围，促进教师之间的共同成长和进步。

（三）合作研究项目，共同提升专业水平

合作研究项目是提升中小学信息科技教师专业水平的有效途径。教师可以与同行或专家学者进行合作，共同承担研究项目或课题。在研究过程中，教师需要与合作伙伴进行深入的沟通和协作，共同确定研究方案和实施计划。通过合作研究项目，教师可以学习到更多的研究方法和技能，提升自己的科研能力和专业素养。

同时，合作研究项目还有助于教师形成团队意识和合作精神，培养自身的领导力和组织协调能力。这些能力的提升将有助于教师在未来的教育教学工作中取得更好的成绩和发展。

第三节　中小学信息科技教师培训与进修

随着信息技术的迅猛发展，中小学信息科技教师的专业素养提升显得尤为重要。为了更好地适应这一形势，教师需要不断参加培训与进修，以提高自身的教学水平和专业素养。

一、在职培训

（一）参加教育部门组织的培训课程

1. 及时掌握最新教育理念

教育部门组织的培训课程是教师获取最新教育理念的重要途径之一。教育理念是教育实践的先导，它指导着教师的教学行为和学生的学习方式。通过参加培训课程，教师可以及时了解国内外最新的教育思想和观念，从而调整自己的教学思路和方法。例如，当前流行的"以学生为中心"的教育理念，强调学生的主体地位和教师的主导作用，这要求教师在教学过程中更加注重学生的需求和兴趣，激发学生的学习兴趣和积极性。

2. 学习先进的教学方法

教学方法是影响教学效果的关键因素。在培训课程中，教师不仅可以学习到传统的教学方法，还可以接触到许多先进的教学方法，如项目式学习、情境教学、合作学习等。这些教学方法都有其独特的优势和适用范围，教师可以根据自己的教学实际进行选择和应用。通过学习和实践这些先进的教学方法，教师可以提高自己的教学水平和能力，进而提升教学质量。

3. 与同行交流，共享教育资源

参加培训课程还为教师提供了一个与同行交流的平台。在这里，教师可以与来自不同地区、不同学校的同行进行深入的交流和探讨，分享各自的教学经验和心得。这种交流不仅可以拓宽教师的教育视野，还可以帮助教师解决教学中遇到的问题和困惑。同时，培训课程还会邀请一些优秀的教师进行示范教学和经验分享，这为参训教师提供了宝贵的学习机会和资源。

（二）提升信息科技应用能力

1. 熟练掌握信息技术工具和软件

随着信息技术的不断发展，各种信息技术工具和软件层出不穷。中小学信息科技教师需要熟练掌握这些工具和软件的使用方法，以便更好地将其应用于教学中。例如，多媒体教学软件可以帮助教师制作生动有趣的课件，提高学生的学习兴趣；网络教学平台可以为学生提供更加灵活多样的学习方式；而一些编程软件和开发工具可以帮助学生更深入地理解信息科技的本质和应用。通过熟练掌握这些工具和软件，教师可以更加高效地开展教学活动，提高教学效果。

2. 关注信息技术最新发展动态

信息技术是一个快速发展的领域，新的技术和应用不断涌现。中小学信息科技教师需要时刻关注信息技术的最新发展动态，了解并掌握新技术在教学中的应用前景和优势。例如，人工智能、大数据、云计算等技术都可以为教学提供更加智能化、个性化的支持和服务。通过关注这些新技术的发展动态并尝试将其应用于教学中，教师可以不断提升自己的信息科技应用能力并保持与时俱进的教学态度。

3. 开发教学辅助软件或工具

除了熟练掌握现有的信息技术工具和软件，中小学信息科技教师还可以尝试开发一些教学辅助软件或工具来提高自己的技术实践能力和创新思维。例如，教师可以根据学生的实际需求和教学目标开发一些具有针对性的教学软件或工具来帮助学生更好地理解知识、掌握技能并培养创新思维。这种开发过程不仅可以提升教师的技术水平，还可以增强教师的教学创新能力，加深实践经验的积累。同时，这些自主开发的教学辅助软件或工具还可以作为宝贵的教学资源进行共享和交流，促进教师之间的合作与共同进步。

二、进修学习

（一）攻读更高层次的学历或学位

1. 系统深化专业知识

攻读更高层次的学历或学位，对于中小学信息科技教师而言，是系统深化专业知识的重要途径。在学习过程中，教师们可以接触更为深入和专业的信息科技知识。这些知识不仅仅局限于基础的技术操作和应用，更包括信息科技的理论基础、发展趋势以及前沿技术。通过学习，教师可以对信息科技领域有更为全面和深入的了解，从而更好地应用于教学实践。

2. 提升研究能力

高学历或学位的攻读过程，往往伴随着大量的研究活动。教师需要参与课题研究、撰写论文等，这些活动能够极大地提升他们的研究能力。研究能力的提升，不仅有助于教师在学术领域取得更多的成果，还能够培养他们的创新思维和问题解决能力。这些能力在未来的教学工作中，将转化为对学生创新能力和问题解决能力的培养。

3. 增加职业发展机会

拥有更高层次的学历或学位，无疑会为中小学信息科技教师的职业发展带来更多的机会。在竞争激烈的教育行业中，高学历往往被视为高能力的象征，这将有助于教师在评职称、晋升以及获取更多教育资源方面取得优势。同时，更高的学历也会让教师更有信心和底气去尝试和探索更多的教学方法和策略。

4. 理论与实践相结合

在攻读学历或学位的过程中，教师需要注重理论与实践的结合。一方面，通过系统的理论学习，教师可以构建起完整的信息科技知识体系；另一方面，通过实践应用，教师可以检验所学知识的实用性，并在实践中不断调整和完善自己的教学方法。这种理论与实践相结合的学习方式，将有助于教师形成独特而有效的教学理念和方法。

（二）参加专业认证课程，拓宽知识面

1. 权威性与专业性

参加由权威机构或行业组织提供的专业认证课程，可以保证教师所学习的知识与技能具有权威性和专业性。这些课程通常涵盖了信息科技的最新发展和前沿技术，能够帮助教师及时了解和掌握行业的最新动态。

2. 提高职业竞争力

通过考取相应的认证证书，教师可以证明自己在信息科技某一领域的专业水平，这无疑会提高他们的职业竞争力。在求职或晋升过程中，这些证书将成为教师能力的重要佐证。

3. 课程的实用性与前瞻性

在选择专业认证课程时，教师应注重课程的实用性和前瞻性。实用性强的课程能够帮助教师解决教学中的实际问题，而具有前瞻性的课程能让教师提前了解和掌握未来的发展趋势，从而在教学中保持领先地位。

4. 学习过程与实践环节并重

参加专业认证课程的过程中，教师不仅要注重理论知识的学习，还要关注实践环节。通过实践，教师可以检验所学知识的实用性，并在实际操作中加深对知识的理解。同时，实践环节还能帮助教师培养解决实际问题的能力，提升他们的教学水平。

第四节　中小学信息科技教师评价与激励机制

在中小学教育体系中，信息科技教师扮演着至关重要的角色，他们不仅传授学生信息技术知识，还肩负着培养学生信息素养和创新能力的重任。为了更好地激发信息科技教师的工作热情和创新能力，构建一套科学合理的评价与激励机制显得尤为重要。

一、教师评价体系

（一）建立多维度的教师评价标准

为了全面、客观地评价信息科技教师的工作表现，应建立多维度的教师评价标准。这些标准不仅包括教学成绩、学生评价等传统指标，还应考虑教师的创新能力、专业素养、团队协作能力以及对学生全面发展的贡献等因素。具体来说，可以从以下几个方面构建评价标准。

（1）教学效果。通过学生的学业成绩、学习兴趣、实践能力等方面来评估教师的教学效果。

（2）教学创新。鼓励教师在教学方法、手段上进行创新，如利用信息技术工具提高教学效率，开展项目式学习等。

（3）专业素养。评估教师在信息科技领域的专业知识掌握情况，以及持续学习和自我提升的能力。

（4）团队协作。考查教师在团队中的合作精神和协作能力，以及对学校整体发展的贡献。

（二）实施定期的教师绩效评价

定期的教师绩效评价是确保教师评价体系有效运行的关键环节。通过定期的绩效评价，可以及时发现教师在工作中的优点和不足，从而为他们提供有针对性的指导和帮助。在实施绩效评价时，应注重以下几个方面。

（1）评价周期。根据学校的实际情况，设定合理的评价周期，如每学期或每年进行一次绩效评价。

（2）评价方式。采用多元化的评价方式，包括自我评价、同事评价、领导评价和学生评价等，以确保评价的客观性和全面性。

（3）反馈机制。及时向教师反馈评价结果，并提出改进建议，以促进教师的专业成长。

（三）鼓励学生和家长参与教师评价

学生和家长是教师工作的重要利益相关者，他们的意见和建议对于完善教师评价体系具有重要意义。因此，应鼓励学生和家长积极参与教师评价，具体做法如下。

（1）设立学生和家长评价渠道。通过问卷调查、座谈会等方式，收集学生和家长对教师工作的评价和建议。

（2）保障评价的真实性。确保学生和家长的评价不受外界干扰，真实反映教师的实际工作表现。

（3）及时反馈与改进。将学生和家长的评价结果及时反馈给教师，并督促教师针对问题进行改进。

二、激励机制设计

（一）设立教学成果奖励制度

为了激发教师的工作积极性和创新精神，应设立教学成果奖励制度。该制度可以根据教师在教学、科研、学生指导等方面的突出表现给予相应的奖励。具体奖励措施如下。

（1）颁发荣誉证书和奖金。对在教学工作中取得优异成绩的教师给予物质和精神上的双重奖励。

（2）提供进修机会。为优秀教师提供参加高级研修班、学术会议等进修机会，促进他们的专业成长。

（3）宣传推广。通过校内外媒体宣传优秀教师的先进事迹和教学经验，提高他们的社会知名度和影响力。

（二）提供专业发展机会和晋升空间

为了满足教师职业发展的需求，学校应为他们提供专业发展机会和晋升空间。具体措施如下。

（1）制定职业发展规划。指导教师制定个性化的职业发展规划，明确发展目标和路径。

（2）提供培训资源。定期组织教师培训活动，邀请专家举办讲座和指导，提高教师的专业素养和教育教学能力。

（3）设立晋升通道。建立完善的教师晋升通道，鼓励教师参与学校管理和决策过程，提高他们的职业地位和影响力。

（三）创建积极向上的教师文化氛围

积极向上的教师文化氛围对于激发教师的工作热情和创新精神具有重要作用。学校可以通过以下措施来营造良好的文化氛围。

（1）倡导合作精神。鼓励教师之间加强交流与合作，共同解决教育教学中的难题，应对教育教学中的挑战。

（2）举办文化活动。定期组织教师参加文化沙龙、教学研讨会等活动，增进彼此之间的了解和友谊。

（3）关注教师心理健康。建立教师心理健康支持机制，帮助他们缓解工作压力和负面情绪，保持积极向上的心态。

第五节　未来中小学信息科技教师的
角色定位与挑战

随着信息技术的迅猛发展，中小学信息科技教师在教育领域的角色也在不断演变。他们不仅仅是知识的传授者，而是逐渐转变为学生学习引导者、技术创新推动者以及跨学科教育者。然而，这种角色的转变也带来了一系列的挑战。

一、未来教师的角色定位

（一）学生学习引导者

1. 培养学生自主学习能力

在信息化时代，知识更新速度极快，学生必须学会自主学习以适应不断变化的社会环境。中小学信息科技教师应成为学生学习路上的引导者，首要任务就是培养学生的自主学习能力。教师需要教授学生如何有效地利用信息技术工具进行信息检索、筛选和整合，从而使学生能够独立地获取新知识，不断提高自身信息素养。

2. 提升学生的信息素养和批判性思维

除了基础的信息技术能力，教师还需着重培养学生的信息素养和批判性思维。信息素养不仅包括技术层面的操作技能，还涉及信息道德、信息安全等方面。而批判性思维能帮助学生在面对海量信息时，保持清醒的头脑，理性分析和判断信息的真实性和价值。

3. 关注学习过程与提供及时反馈

作为学生学习引导者,中小学信息科技教师需要时刻关注学生的学习过程，及时发现问题并提供有效的反馈和指导。通过定期的评估和反馈，教师可以帮助学生识别并改正错误，引导他们逐步走向正确的学习路径。

4. 营造积极学习氛围

为了激发学生的学习兴趣和动力，教师应努力营造一个积极的学习氛围。通过鼓励学生之间的交流与合作，教师可以帮助学生建立学习共同体，让他们在互相帮助和学习中共同成长。

（二）技术创新推动者

1. 掌握并应用最新教学技术

作为中小学信息科技教师，必须时刻关注科技发展的动态，特别是与教学相关的新技术和新工具。例如，虚拟现实、增强现实以及人工智能等前沿技术，都可以为教学带来革命性的变化。教师需要积极学习并掌握这些技术，将其灵活地运用到课堂教学中，从而提升教学效果和学生的学习兴趣。

2. 探索与尝试新的教学方法

传统的教学方法往往注重知识的灌输，而忽视了学生的主体地位和个性发展。作为技术创新推动者，中小学信息科技教师需要不断探索和尝试新的教学方法，如项目式学习、翻转课堂等，以激发学生的学习兴趣，培养他们的创新思维和实践能力。

3. 鼓励学生参与技术创新活动

除了自身掌握和应用新技术，教师还应积极鼓励学生参与技术创新活动。通过组织科技竞赛、创新实践等项目，教师可以为学生提供展示自己才华的平台，同时培养他们的创新意识和团队协作精神。这些活动不仅能锻炼学生的实践能力，还能增强他们的自信心和责任感。

4. 培养学生的创新意识和实践能力

创新意识和实践能力是信息时代人才必备的核心素养，中小学信息科技教师需要在教学过程中注重培养学生的这些能力。通过引导学生发现问题、分析问题并解决问题，教师可以帮助学生建立创新思维模式，提高他们的实践能力。同时，教师还应关注学生的个体差异，为他们提供个性化的指导和支持。

（三）跨学科教育者

1. 整合跨学科知识与方法

在信息时代，知识之间的融合与交叉成为趋势。中小学信息科技教师需要具备跨学科的知识与技能，能够与其他学科教师紧密合作，共同设计跨学科的教学活动和课程。通过整合不同学科的知识与方法，教师可以帮助学生打破学科壁垒，建立全面的知识体系，从而培养他们的综合素养。

2. 注重学生的全面发展

跨学科教育的核心目标是促进学生的全面发展。中小学信息科技教师需要关注学生的多元智能和个性需求，注重培养他们的批判性思维、创新思维和解决问题的能力。在教学过程中，教师应引导学生从不同学科的角度思考问题，拓宽他们的视野和思维方式。

3. 引导学生参与跨学科项目与实践活动

为了激发学生的学习兴趣和提高他们的综合素质，教师需要引导学生积极参与跨学科项目和实践活动。这些活动可以帮助学生将所学知识应用于实际情境中，培养他们的实践能力和团队协作精神。同时，通过与其他学科的学生和教师互动与交流，学生还可以拓宽自己的人际关系网络，为未来的职业发展奠定基础。

4. 与其他学科教师紧密合作与交流

作为跨学科教育者，中小学信息科技教师需要与其他学科教师保持紧密的合作与交流关系。通过定期的研讨、分享经验和资源等方式，教师可以共同提高教学水平和质量，为学生提供更优质的教育服务。这种跨学科的合作与交流不仅有助于提升教师的专业素养，还能为学生的全面发展创造更多机会和可能性。

二、面临的挑战与对策

（一）技术更新迅速，需持续学习新技能

挑战：

信息技术的迅猛发展带来了教学工具和平台的不断更新。中小学信息科技教师面临着必须时刻跟进新技术、新应用的问题，以确保教学内容的时效性和实用性。然而，技术的快速更迭意味着教师需要投入大量的时间和精力去学习和掌握，这无疑是一个巨大的挑战。

对策：

（1）树立终身学习观念。教师应认识到持续学习的重要性，保持对新技术的敏感度和好奇心。

（2）参加专业培训。定期参与由教育部门或专业机构组织的信息技术培训，以系统地提升技术能力。

（3）建立学习共同体。与同事、行业专家建立学习网络，通过线上或线下的方式分享学习资源和经验。

（4）实践应用。在日常教学中积极尝试应用新技术，通过实践来加深理解和掌握。

（二）学生需求多样化，需个性化教学

挑战：

当前学生群体在信息技术水平和兴趣上存在较大差异，传统的"一刀切"教学模式已无法满足所有学生的需求。如何实现个性化教学，确保每个学生都能得到适合自己的学习资源和指导，是中小学信息科技教师面临的又一挑战。

对策：

（1）开展学生需求调查。通过问卷、访谈等方式了解学生的具体需求和兴趣点。

（2）设计差异化教学方案。根据学生的不同需求和水平，制定个性化的教学计划和资源。

（3）利用教学平台。借助在线教育平台，为学生提供个性化的学习路径和资源推荐。

（4）实施分组教学。根据学生的兴趣和水平进行分组，进行有针对性的指导。

（三）教育环境变革，须适应新的教学模式

挑战：

随着教育信息化和新课程改革的推进，传统的讲授式教学正在向更加注重学生主体地位的教学模式转变。翻转课堂、慕课、混合式教学等新型教学模式逐渐兴起，这对教师的教育理念和教学能力提出了新的要求。

对策：

（1）更新教育理念。积极拥抱变革，认识到学生在教学中的主体地位，从以教师为中心转向以学生为中心。

（2）探索新型教学模式。主动尝试和实践翻转课堂、慕课等新型教学模式，不断总结经验。

（3）提升教学设计能力。学习并掌握新型教学模式下的教学设计方法，如如何制作高质量的微课、如何设计有效的课堂互动等。

（4）开展教学反思与评估。定期对新型教学模式的实施效果进行反思和评估，及时调整教学策略。

第六章　中小学信息科技教学的未来展望

第一节　技术发展与中小学信息科技教学的融合

随着科技的飞速进步，新兴技术正以前所未有的速度渗透到教育领域，特别是中小学信息科技教学中。技术的革新不仅丰富了教学手段，还深刻改变了传统的教学模式和学习方式，为学生提供了更加个性化、互动化和高效化的学习体验。

一、新兴技术在信息科技教学中的应用

（一）人工智能与教学个性化

1. 精准的学生学习评估

在信息科技教学中，人工智能的引入带来了革命性的变化。传统的教学方式往往难以全面、准确地了解每个学生的学习状况，而人工智能能通过数据分析和机器学习技术，实现对学生学习行为的深入洞察。系统可以追踪学生的学习路径，记录他们在各个知识点上的表现，从而精准地评估学生的知识掌握情况和学习能力。这种评估不仅有助于教师更好地了解学生，还能为后续的个性化教学提供坚实的数据基础。

2. 个性化学习资源推荐

基于精准的学生学习评估，人工智能可以进一步为每位学生提供个性化的学习资源推荐。系统根据学生的知识掌握情况、学习风格和兴趣偏好，智能匹配适合他们的学习内容和难度级别。这意味着每个学生都能获得与自己能力相匹配的学习资源，从而在适合自己的学习节奏中稳步提升。这种个性化的学习方式不仅提高了学习效率，还有助于激发学生的学习兴趣和动力。

3. 智能互动与学习反馈

除了提供个性化学习资源，人工智能还能通过自然语言处理、情感识别等技术，实现与学生的智能互动。系统可以即时回应学生的问题，提供针对性的解答和反馈。同时，通过情感识别技术，人工智能还能感知学生的学习情绪，及时给予鼓励和支持。这种智能互动不仅提升了学生的学习体验，还有助于培养他们的自主学习能力和问题解决能力。

（二）虚拟现实与增强现实的教学应用

1. 沉浸式学习环境的创建

虚拟现实（VR）技术为信息科技教学提供了前所未有的沉浸式学习环境。通过佩戴 VR 头盔，学生可以进入虚拟世界，亲身体验各种科学现象和技术操作。这种学习方式让学生仿佛置身于真实的环境中，更加直观地理解知识、掌握技能。例如，在编程教学中，VR 技术可以模拟真实的编程环境，让学生直接在虚拟世界中编写和运行代码，从而更深入地理解编程的逻辑和原理。

2. 难以观察现象的可视化展示

增强现实（AR）技术在信息科技教学中同样具有广阔的应用前景。通过 AR 技术，教师可以展示一些难以直接观察的现象和结构，如复杂的电路图、机械结构或生物结构等。学生只需使用 AR 设备扫描相应的标签或图片，即可在屏幕上看到三维立体的模型或动画演示。这种可视化展示方式不仅增强了学生的学习兴趣和好奇心，还有助于他们更深入地理解知识要点和难点。

3. 实践操作能力的提升

VR 和 AR 技术可以用于提升学生的实践操作能力。在虚拟环境中，学生可以反复进行模拟实验和操作训练，直到熟练掌握相关技能为止。这种无风险的实践方式不仅降低了实验成本和安全风险，还有助于培养学生的动手能力和创新思维。同时，通过 AR 技术的辅助，学生还可以在现实环境中进行模拟操作，进一步增强实践操作的真实感和实用性。

（三）云计算与大数据在教学管理中的作用

1. 教学资源的共享与协作

云计算技术为教学资源的共享与协作提供了便捷的平台。通过云端存储和分享功能，教师和学生可以随时随地访问丰富的教学资源和工具。这种无界限的学习方式打破了时间和空间的限制，使得学习变得更加灵活和高效。同时，云计算技术能够支持多人同时对文档或项目进行编辑，有效促进了师生之间的沟通与合作。

2. 数据驱动的教学决策

大数据技术在教学管理中的应用为科学决策提供了有力支持。通过对海量教学数据的深度挖掘和分析，教师可以更全面地了解学生的学习状况、兴趣偏好和学习成效等关键信息。这些信息为教师制订教学计划、设计教学活动和评估教学效果提供了科学依据。同时，大数据技术还可以帮助教师及时发现学生的学习问题和需求，以便及时调整教学策略和方法。

3. 教学质量的监测与评估

云计算和大数据技术还可以用于教学质量的监测和评估。学校可以利用这些数据对教师的教学效果进行客观评价，及时发现和解决教学中存在的问题。同时，通过对比不同教师的教学数据和学生的学习数据，学校还可以找出教学中的最佳实践和创新点，推动教学质量的持续提升。此外，这些数据还可以为学校制定教育政策和发展规划提供重要参考依据。

二、技术发展对中小学信息科技教学方式的改变

（一）线上线下融合的教学模式

1. 混合式教学模式的构建

随着技术的发展，传统的单一线下教学模式已经逐渐被线上线下融合的教学模式所取代。在信息科技教学中，这种混合式教学模式的构建显得尤为重要。教师可以结合线上资源和线下活动，设计出一套既符合课程标准又能激发学生兴趣的教学方案。通过线上平台，教师可以提前发布学习资源，让学生在课前对新知识有所了解和准备。而线下课堂更加注重实践操作和互动讨论，让学生在亲身体验中深化对知识的理解。

2. 线上教学的优势与实施

线上教学具有便捷性和灵活性的优势，它不受时间和地点的限制，学生可

以随时随地进行学习。在信息科技教学中，线上教学可以为学生提供丰富的学习材料和互动工具，如教学视频、在线测试和模拟实验等。同时，教师还可以利用线上平台进行作业布置、批改和答疑，实现对学生学习过程的全程跟踪和指导。为了实施有效的线上教学，教师需要精心挑选和设计教学资源，确保内容的准确性和趣味性；同时，还要加强与学生的在线互动，及时解答学生的疑问，提高学生的学习效果。

3. 线下教学的互动性与实践性

尽管线上教学具有诸多优势，但线下教学的互动性与实践性仍然是不可替代的。在信息科技教学中，线下课堂为学生提供了亲身实践的机会，让他们在实际操作中掌握知识与技能。此外，线下教学还有助于加强师生之间的情感交流，培养学生的团队协作能力和社交技巧。为了充分发挥线下教学的优势，教师可以组织各种实践活动和小组讨论，让学生在互动中成长；同时，教师还要关注学生的个体差异，提供针对性的指导和帮助。

（二）智能教学辅助系统的开发与应用

1. 智能教学辅助系统的发展历程

随着人工智能技术的不断发展，智能教学辅助系统在教育领域的应用越来越广泛。这些系统通过集成多种先进技术，为教师和学生提供了智能化的教学支持和辅助。在信息科技教学中，智能教学辅助系统的引入有助于提高教学质量和效率，减轻教师的工作负担，同时为学生提供更加个性化、智能化的学习体验。

2. 智能备课与授课的应用

智能教学辅助系统在备课和授课环节发挥着重要作用。在备课阶段，系统可以根据教学大纲和教材要求为教师推荐个性化的教学资源，并提供备课建议和教案模板。这大大节省了教师的备课时间，提高了备课的针对性和实效性。在授课阶段，系统可以通过语音识别和交互技术实现与学生的智能互动。例如，系统可以识别学生的语音提问并给出相应的解答，或者根据学生的反馈调整教学进度和内容。

3. 智能批改与评估的价值

智能教学辅助系统在作业批改和评估方面也具有显著优势。系统可以自动完成部分作业和试卷的批改工作，减轻教师的工作负担；同时，系统还能生成详细的分析报告和反馈意见，帮助教师和学生及时了解学习情况和问题所在。这些信息对于教师调整教学策略和学生改进学习方法都具有重要意义。

（三）学生自主学习与协作学习的技术支持

1. 自主学习技术的支持与推动

技术的发展为学生自主学习提供了丰富的资源和便捷的工具。在信息科技教学中，学生可以利用网络平台和教学资源库获取各种学习材料，如教学视频、电子书籍和在线课程等。这些资源不仅丰富多样，而且具有很强的针对性和互动性，能够满足不同学生的学习需求和兴趣。此外，各种在线学习工具和软件也为学生提供了自我检测和评估的机会，帮助他们及时了解自己的学习进度和效果。

2. 协作学习技术的实现与提升

协作学习是培养学生团队协作能力和创新思维的重要途径。技术的发展为协作学习提供了强大的支持，使得学生可以更加便捷地进行小组讨论、项目合作和资源共享等活动。在信息科技教学中，学生可以利用各种协作工具和平台进行远程协作和交流，如视频会议软件、协作编辑工具和在线项目管理工具等。这些工具不仅促进了学生之间的有效沟通和合作，还提高了团队协作的效率和成果质量。

3. 技术支持下的学习模式创新

在技术的支持下，学生的学习模式也在不断创新和发展。自主学习和协作学习的结合成为一种新的趋势。学生可以在自主学习的基础上，通过协作学习与他人分享经验、解决问题和创新思考。这种学习模式不仅培养了学生的自主学习能力和团队协作能力，还激发了他们的创新思维和实践能力。同时，技术的发展也为教师提供了更多的教学手段和方法选择，使得教学更加灵活多样、富有成效。

第二节 未来中小学信息科技教学的趋势与挑战

一、未来信息科技教学的趋势

（一）个性化教学需求的增长

在信息科技高速发展的今天，教育领域正经历着深刻的变革，个性化教学成为未来信息科技教学的重要趋势。个性化教学旨在根据每个学生的学习能力、兴趣及学习进度，提供量身定制的教学内容和方法。这种趋势的兴起，主要得益于大数据、人工智能等技术的飞速发展。

1. 数据驱动的教学决策

通过收集和分析学生的学习数据，如学习行为、成绩变化、兴趣偏好等，教师可以更加精准地了解每位学生的学习状况，进而调整教学策略，提供个性化的学习资源和路径。例如，智能教学系统可以根据学生的学习进度和能力，推荐适合的练习题和学习资源，确保每位学生都能在适合自己的节奏下学习。

2. 智能化辅导与评估

人工智能技术在教育领域的应用，使得智能化辅导与评估成为可能。智能辅导系统能够实时分析学生的学习数据，提供个性化的学习建议和辅导，帮助学生解决学习中的困惑。同时，智能评估系统可以自动评估学生的学习成果，提供即时的反馈和改进建议，提高教学效果和学习效率。

3. 定制化学习体验

未来信息科技教学将更加注重学生的学习体验，通过虚拟现实（VR）、增强现实（AR）等技术，为学生提供沉浸式的学习体验。学生可以在虚拟环境中进行实验操作、模拟实践等，提高学习兴趣和参与度。这种定制化学习体验不仅能够激发学生的学习兴趣，还能帮助他们更好地理解和掌握知识。

（二）跨学科融合的教学实践

在信息科技时代，跨学科融合的教学实践成为必然趋势。这种趋势要求教育者打破传统学科的界限，将不同领域的知识与技能融合在一起，培养学生的综合素养和创新能力。

1. 信息科技与人文社科的融合

除了 STEM 领域，信息科技还将与人文社科领域进行深度融合。例如，在历史、文学等课程中引入信息技术手段，通过数字化资源、在线互动等方式，丰富教学内容和形式，提高学生的学习兴趣和参与度。同时，这种融合还有助于培养学生的信息素养和跨文化交流能力，为他们的全面发展奠定基础。

2. 跨学科项目与实践

未来信息科技教学将更加注重跨学科项目与实践的开展。通过组织跨学科的项目研究、社会实践等活动，让学生在实践中综合运用不同领域的知识与技能，解决实际问题。这种教学方式不仅能够提高学生的综合素养和创新能力，还能培养他们的团队合作精神和社会责任感。

（三）终身学习能力的培养

在信息科技时代，知识更新速度加快，终身学习成为每个人必备的能力。因此，未来信息科技教学将更加注重学生终身学习能力的培养。

1. 自主学习能力的培养

通过信息技术手段，教师可以为学生提供丰富的学习资源和工具，帮助他们掌握自主学习的方法和技巧。例如，在线学习平台、电子图书馆等资源可以让学生随时随地进行学习；智能学习系统可以根据学生的学习进度和能力提供个性化的学习建议和资源。这些都有助于培养学生的自主学习能力，使他们能够持续地进行学习和成长。

2. 信息素养的提升

信息素养是指个体在信息社会中获取、处理、利用和评价信息的能力。在信息科技时代，信息素养已经成为每个人必备的基本素养之一。因此，未来信息科技教学将更加注重学生信息素养的提升。通过开设信息素养课程、组织信息素养培训等方式，帮助学生掌握信息检索、信息处理、信息安全等方面的知识与技能，提高他们的信息素养水平。

3. 持续学习与自我更新的意识

未来信息科技教学还将注重培养学生持续学习与自我更新的意识。通过引导学生关注科技动态、参与学术交流等方式，让他们保持对新技术、新知识的敏感度和好奇心；通过组织定期的学习交流活动等方式，让他们与同行保持联系、分享经验和学习成果；通过鼓励学生参与社会实践、创新创业等活动的方式，让他们在实践中不断学习和成长。这些都有助于培养学生的持续学习与自我更新的意识，使他们能够适应不断变化的社会环境。

二、面临的挑战及应对策略

（一）技术更新迅速，教师需要持续学习

在信息科技时代，技术更新速度非常快，这给教师带来了很大的挑战。为了应对这一挑战，教师需要不断学习和更新自己的知识与技能。

应对策略：

（1）建立终身学习机制。学校和教育部门应该建立终身学习的机制，鼓励和支持教师参加各种形式的培训和学习活动。例如，可以组织定期的培训班、研讨会等活动；可以提供在线学习资源和平台；可以建立教师学习社群等。

（2）加强校企合作。学校可以与科技企业建立合作关系，让教师有机会接触到最新的技术和产品。例如，可以邀请企业专家来校举办讲座和培训；可以与企业合作开展科研项目和实践活动等。

（3）培养教师的自主学习能力。教师应该具备自主学习的能力，能够主动关注科技动态、学习新技术和新知识。学校和教育部门可以通过提供学习资源、建立学习社群等方式来培养教师的自主学习能力。

（二）学生网络安全与隐私保护问题

在信息科技时代，学生的网络安全与隐私保护问题日益突出。如何保障学生的网络安全和隐私权益成为教育者需要面对的重要问题。

应对策略：

（1）加强网络安全教育。学校应该将网络安全教育纳入课程体系中，通过开设相关课程、组织专题讲座等方式来提高学生的网络安全意识和能力。同时，教师也应该在教学中注重网络安全教育的渗透和融入。

（2）完善网络安全管理制度。学校应该建立完善的网络安全管理制度和应急预案，确保在发生网络安全事件时能够及时应对和处理。同时，学校还应该加强对校园网络的监管和管理力度，防止网络攻击和泄露事件的发生。

（3）保护学生隐私权益。学校应该尊重学生的隐私权益，在收集和使用学生个人信息时应该遵循相关法律法规。同时，学校还应该加强对教职工的培训和监管力度，防止他们泄露学生的个人信息和隐私。

（三）技术依赖与传统文化传承的平衡

在信息科技时代，技术依赖问题日益严重。如何平衡技术依赖与传统文化传承成为教育者需要面对的重要问题。

应对策略：

（1）注重传统文化的传承。学校应该注重传统文化的传承和弘扬工作，通过开设相关课程、组织文化活动等方式来让学生了解和认同传统文化。同时，教师也应该在教学中注重传统文化的渗透和融入。

（2）引导学生正确使用技术。教师应该引导学生正确使用技术工具和设备，避免过度依赖和滥用技术。例如，可以通过组织实践活动、鼓励学生参与社交活动等方式来降低学生对技术的依赖程度。

（3）促进技术与传统文化的融合。学校和教育部门应该积极探索技术与传统文化的融合方式和方法，通过创新教学手段和方式来实现两者的有机结合。例如，可以利用虚拟现实等技术手段来呈现传统文化场景和内容；可以利用在线平台来推广和传播传统文化知识等。

第三节 构建适应未来发展的中小学信息科技教育体系

一、教育体系改革的方向

在信息科技日新月异的今天，构建适应未来发展的中小学信息科技教育体系，是提升国家竞争力、培养创新型人才的关键。这一体系改革需从课程设置、能力培养、教师发展等多个维度出发，以确保教育的时效性和前瞻性。

（一）建立灵活多样的课程设置机制

1. 模块化课程设计

传统的线性课程结构已难以满足学生个性化学习的需求。因此，应引入模块化课程设计理念，将信息科技课程划分为多个独立但相互关联的模块，如基础编程、数据分析、网络安全、人工智能基础等。学生可以根据自己的兴趣、能力和未来规划，灵活选择学习模块，实现个性化学习路径的构建。

2. 跨学科整合

信息科技不应孤立于其他学科之外，而应成为连接各学科的桥梁。通过跨学科整合，将信息科技融入数学、科学、艺术、社会等学科教学中，形成综合性的学习项目或任务，让学生在解决实际问题的过程中，综合运用多学科知识，培养综合素养和创新能力。

3. 动态调整与更新

随着技术的快速发展，信息科技课程内容须保持动态更新。教育部门和学校应建立课程内容的定期评估与更新机制，及时将新技术、新应用纳入课程体系，确保学生所学知识与时代同步。

（二）强化信息素养与创新能力的培养

1. 信息素养教育

信息素养是信息社会公民的基本素养之一，包括信息获取、处理、评价、利用和创造的能力。中小学信息科技教育应将信息素养教育贯穿始终，通过案例教学、项目式学习等方式，让学生在实践中掌握信息检索、信息筛选、信息整合等技能，提高信息素养水平。

2. 创新能力培养

创新能力是未来社会所需的核心能力之一。在信息科技教育中，应鼓励学生大胆尝试、勇于创新，通过设计思维、批判性思维等训练，激发学生的创新潜能。同时，组织各类科技创新竞赛、实践活动，为学生提供展示自我、交流思想的平台，促进创新成果的转化与应用。

3. 实践操作与问题解决

理论知识的学习是基础，但实践操作与问题解决能力的培养同样重要。信息科技教育应注重学生的动手能力和问题解决能力的培养，通过实验室建设、项目实践等方式，让学生在实践中学习、在学习中实践，形成良性循环。

（三）促进教师专业发展与终身学习

1. 教师培训体系构建

教师是教育改革的实施者，其专业素养和教学能力直接影响教育质量。因此，应构建完善的教师培训体系，包括岗前培训、在职研修、学术交流等多种形式，帮助教师不断更新知识结构、提升教学能力。

2. 鼓励教师参与科研项目

科研与教学相互促进，是提高教师专业素养的有效途径。应鼓励教师积极参与科研项目和实践活动，将科研成果转化为教学资源，丰富教学内容和形式。同时，通过项目合作、团队研究等方式，促进教师之间的交流与合作，形成良好的学术氛围。

3. 建立教师激励机制

为了激发教师的工作积极性和创造力，应建立科学合理的教师激励机制。通过设立教学成果奖、科研成果奖等奖项，表彰在教学和科研方面取得突出成绩的教师；通过职称评定、晋升等方式，为优秀教师提供更多的发展机会和空间。

二、实施策略

（一）加强政策引导与资金支持

1. 制定相关政策法规

政府应制定和完善相关政策法规，为中小学信息科技教育体系的改革提供法律保障和政策支持。明确教育目标、课程设置、师资建设等方面的要求，确保改革工作的顺利推进。

2. 加大资金投入

资金是教育改革的重要保障。政府应加大对中小学信息科技教育的投入力度，确保教育设施、教学资源、教师培训等方面的资金需求得到满足。同时，鼓励社会力量参与教育投入，形成多元化的资金筹措机制。

3. 设立专项基金

为了支持重点项目的实施和优秀成果的推广，可以设立中小学信息科技教育专项基金。通过基金资助的方式，支持学校开展课程改革、师资培训、科研创新等工作，推动教育质量的整体提升。

（二）建立多方参与的教育生态系统

1. 政府主导

政府在构建中小学信息科技教育生态系统中应发挥主导作用。通过制定政策、规划布局、投入资金等方式，引导和支持各方力量参与教育改革和发展。同时，加强监管和评估工作，确保教育质量和效益的稳步提升。

2. 学校主体

学校是教育改革和发展的主体力量。学校应积极响应政府号召和社会需求，主动推进课程改革、师资建设、教学创新等工作。同时，加强与家长、社区等方面的沟通与合作，形成家校共育的良好氛围。

3. 社会参与

社会是教育发展的重要支撑力量。应鼓励社会各界积极参与中小学信息科技教育的发展和支持工作。通过捐赠资金、提供资源、志愿服务等方式，为教育改革和发展贡献力量。同时，加强社会监督和评价工作，推动教育质量的持续改进和提升。

4. 家庭支持

家庭是孩子成长的第一所学校，家长的支持和配合对于教育改革和发展至关重要。学校应加强与家长的沟通和联系，引导家长树立正确的教育观念和方法，关注孩子的成长和发展需求。同时，鼓励家长参与学校的教育活动和志愿服务工作，共同为孩子的成长创造良好的环境和条件。

参考文献

[1]朱莎, 杨洒, 韵俏丽, 等. 信息科技课程教学实施困境、归因与突围[J]. 中国电化教育, 2024(8): 25-32.

[2]唐琳, 刘凤娟. 基于项目式学习的初中信息科技课程教学现状及对策研究[J]. 电脑知识与技术, 2024, 20(20): 149-151.

[3]张钫炜, 孙洪祥, 赵欣. 文化链接科技:信息科技特色高校外语课程思政教学设计[J]. 北京教育(高教), 2024(7): 80-82.

[4]靳飞飞, 阮霞. 核心素养下的初中信息科技数字化问题驱动教学模式研究[J]. 中国教育技术装备, 2024(13): 116-121.

[5]高欣丽, 张秀琦. 基于翻转课堂的中学信息科技课程教学模式设计[J]. 电脑知识与技术, 2024, 20(19): 149-152.

[6]张艳清. 微项目教学赋能信息科技新课堂[J]. 中国信息界, 2024(3): 201-203.

[7]彭莲芳. 基于micro:bit的初中信息科技项目式教学设计与实践[J]. 福建教育学院学报, 2024, 25(6): 55-57.

[8]宋春雷, 杨素红. 小学信息科技课程教学方法与教学策略的研究[J]. 中国现代教育装备, 2024(12): 58-59.

[9]王利莹. 信息科技沉浸式学习的应用及思考[J]. 中国现代教育装备, 2024(12): 60-62.

[10]石海芹. 耕耘在教学和科研第一线——记北京市先进工作者,北京信息科技大学教授、博士生导师祝连庆[J]. 工会博览, 2024(18): 48-50.

[11]张梦洁. 跨学科融合实现趣味数学编程——以鸡兔同笼为例[J]. 中国教育技术装备, 2024(11): 98-101,109.

[12]刘鹏. 基于新课标的初中信息科技课程个性化教学策略研究[J]. 中国新通信, 2024, 26(11): 116-118.

[13]孙晓. 基于核心素养的初中信息科技教学策略探究[J]. 中国新通信, 2024, 26(11):

77-79.

[14]王薇薇. "互联网+"背景下核心素养在小学信息科技课程课堂教学实施策略[J]. 中国新通信, 2024, 26(11): 113-115.

[15]谢婧莹. 对初中信息科技课堂有效教学的思考[J]. 河南教育(教师教育), 2024(6): 66-67.

[16]邓硕, 孙敬. 初中信息科技新课标落地的教学实践——在线数字气象站案例的探索[J]. 现代教育, 2024(5): 22-25,64.

[17]颜丽榕, 林永和, 林子杨. 信息科技"三阶六环"项目化学习的教学实践与思考——以"快乐阅读、书香校园"平面设计项目为例[J]. 福建教育学院学报, 2024, 25(5): 74-77.

[18]鲁明明. "互联网+"环境下初中信息科技教学内容的优化策略[J]. 中国新通信, 2024, 26(10): 62-64,91.

[19]黄桂琳. 信息科技课程标准下的初中人工智能教学实践探究[J]. 信息系统工程, 2024(5): 80-83.

[20]遇建勋. 项目式学习在中小学信息科技教学中的实践研究[J]. 吉林省教育学院学报, 2024, 40(5): 52-57.

[21]于露. 初中信息科技项目式教学实践探析——以 Python 循环结构章节为例[J]. 中国教育技术装备, 2024(9): 111-114.

[22]张雯. 高水平应用型大学"检测技术"课程教学探索与实践——以北京信息科技大学为例[J]. 教育教学论坛, 2024(19): 97-100.

[23]何云. 网络视频资源的小学信息科技教学管理系统设计[J]. 信息与电脑(理论版), 2024, 36(8): 128-130.

[24]张亚博. 真实性学习视域下初中信息科技教学策略探究[J]. 中国现代教育装备, 2024(8): 55-57.

[25]赵楠, 李茂宽, 张瑞雪, 等. 研究生信息检索与科技论文写作课程教学改革探索[J]. 创新创业理论研究与实践, 2024, 7(8): 62-64,75.

[26]邹晓芳. 核心素养视域下"读思达"教学法在小学信息科技教学中的应用[J]. 国家通用语言文字教学与研究, 2024(4): 92-94.